親子で学習&自由研究100
関東穴場スポット

東京新聞「親子でぶらり」取材班・著

山川出版社

はじめに（ご利用の手引きに替えて）

「子どもたちが小中学生のうちに、ぜひ訪れておきたい場所、見学、体験しておきたい展示やイベントを、情報欄のメーン記事で紹介できないか」。

こうした狙いで2012年の10月、東京新聞朝刊で連載が始まった「親子でぶらり」は、読者のご好評もいただき、5年を超える長期連載企画になりました。当初、「学べるスポット」としていた副題には、その後、「戦争を考える」「街歩き」「企業に学ぶ」などの副題も加わり、この間、紹介させていただいた博物館、科学館、美術館、史跡、工場見学施設などは、300近くに上ります。

本書はその中から、テーマの多様性やバランスを考慮し、比較的ワンテーマに絞った施設を中心に抜粋して一冊にまとめたものです。連載に登場したすべてを取り上げることができなかったのは残念ですが、それでもかなりのボリュームになりました。

取材に当たっては、記者が現場に出向き、学芸員の方々やボランティアガイドさんらの説明を受け、体験型施設はできるだけ自ら体験するよう務めました。記事化に際しては、各施設を総花的に紹介するのではなく、面白いと感じた展示、ガイドさんの語り口、見学に訪れていた人たちのコメントなどを多く取り上げ、ルポ風にまとめることを心掛けました。その一方で、資料館や史跡などではその歴史的背景なども可能な限り紹介しています。

連載開始から5年が経過し、この間、多くの施設でリニューアルなどが行われました。科学的、歴史的知見の変化に伴う展示替えも多く、中には富岡製糸場のように紙面掲載後、世界遺産に登録され、取り巻く環境が一変した施設もあります。書籍化にあたっては再取材を行い、最新の情報を盛り込むよう務めました。

ただ書籍という媒体の性格上、企画展やイベントなど期間限定の催しはほとんど紹介しておりません。学芸員ら関係者の方々が、訪れる人に楽しく学んでもらうために凝らすさまざまな工夫や思い入れが端的に現れるのが、企画・特別展や土日祝日、学校の長期休暇中に行われるイベントです。お出かけの際には、インターネットなどで、こうしたイベントの情報を下調べされることをおすすめいたします。

ボランティアガイドさんが常駐する施設も増えています。展示の内容に精通し、ユーモアも交えたガイドは「プロ」と言って差し支えなく、利用しない手はありません。博物館、科学館などでは、学年別の見学コースやワークシートなどを用意してあるところも多く、活用したいところです。

取材に対応していただいた関係者の方々は、二つの点で口を揃えられました。一つは、「子どもたちの興味を引き起こすきっかけになれば…」、もう一つは「親子のコミュニケーションの場にしてほしい」というもので、連載の狙いもそこにありました。本書をきっかけに子どもたちの自由研究テーマが見つかり、経験や思い出が、将来生きてくることがあれば、と願っています。

「親子でぶらり」のタイトル通り、小中学生のお子さんをお持ちの保護者の方を読者に想定いたしましたが、実際の現場ではシニアの団体や若いカップルも目立ちました。生涯学習の場の手引としても活用していただけると思います。

最後になりましたが、連載企画の立ち上げに際し、関東・山梨・静岡の都県教育委員会、東京23区の各区教育委員会から、「学べるスポット」のアンケートにご回答いただきました。その上で、小川義和国立科学博物館連携推進・学習センター長、教育評論家の親野智可等さん、林部均国立歴史民俗博物館教授・副館長（以上50音順）の3氏から、紹介すべき施設を選定いただくなどのお力添えをいただきました。この場を借りてお礼申し上げます。

また出版に際しましては、山川出版社の担当者にご尽力いただきました。合わせてお礼申し上げます。ありがとうございました。

東京新聞「親子でぶらり」取材班

調べよう！社会のしくみ

《東京》
10 NHK放送博物館
アナウンサーやドラマの主役に挑戦！放送の歴史もわかる
12 参議院
国民の代表機関　国会議事堂を見学する1時間
14 衆議院憲政記念館
実物の資料や映像を通して知る歴史上の政治家たち
16 明治大学博物館
強烈な拷問具からギロチンまで展示　刑具の歴史を考える
18 郵政博物館
手軽に見られる世界中の切手33万種　日本最大の所蔵数
20 東京税関情報ひろば
違法薬物やコピー商品　水際で阻止する税関の役割に注目
21 アドミュージアム東京
江戸時代から現代まで広告資料30万点所蔵　懐かしCMも検索可能
22 お札と切手の博物館
日本が世界に誇る偽造防止技術を体験装置で確認
24 日本銀行金融研究所貨幣博物館
体験型展示が充実！　千両箱を持ち上げオリジナル藩札づくり
《埼玉》
26 造幣さいたま博物館
世界トップレベルの技術を目の当たり　貨幣や勲章の製造現場
《茨城》
28 地図と測量の科学館
3Dメガネを使って日本列島の空中散歩を疑似体験！

調べよう！生活を守るしくみ

《東京》
30 がすてなーに　ガスの科学館
クイズ大会が大人気！　エネルギーと環境を考える科学館
32 ポリスミュージアム（警察博物館）
指名手配犯を探し容疑者情報を集め警察の仕事を体験
34 消防博物館
ジオラマや映像で消防の歴史を伝える日本で唯一の専門館
36 東京都水道歴史館
治水・利水で育んだ世界最高水準の技術　400年の歩みを学ぶ
38 清掃工場見学会（東京二十三区清掃一部事務組合）
ぜひ知ってほしい　ごみ減量の必要性と処理現場の現実
40 東京農大「食と農」の博物館・展示温室「バイオリウム」
ワオキツネザルから日本酒280本まで　大学研究の成果を知る
42 東京臨海広域防災公園
震度7で家屋崩壊あなたはどうする？　仮想の体験学習ツアー
《埼玉》
44 首都圏外郭放水路
中川流域を水害から守る巨大地下神殿を体験

調べよう！科学と技術

《東京》
46 千葉工業大学東京スカイツリータウンキャンパス
ロボットや人工知能　惑星探査の分野で研究成果を紹介

《千葉》
47 千葉市科学館
見つける喜びを発見できるぞ！　140の体験型展示
《神奈川》
48 三菱みなとみらい技術館
身近な科学原理から空・海・宇宙で活用の最先端技術まで体感

調べよう！いろいろな産業

《東京》
50 印刷博物館
デジタル時代に新鮮！　自分で活字を拾って版を組む印刷体験
52 紙の博物館
紙が作られる工程　展示で見て知って自分でも試そう！
54 Daiichi Sankyo　くすりミュージアム
体験型展示で薬の作用や開発過程を楽しく学べる！
56 杉並アニメーションミュージアム
画像の色塗りからアフレコや効果音入れ　アニメ制作に挑戦
58 花王ミュージアム
肌や髪の状態を知り日ごろのケアの大切さを実感
《神奈川》
60 カップヌードルミュージアム 横浜
インスタントラーメンの歴史を楽しく学んで世界の麺も味わおう！
《千葉》
62 新日鐵住金君津製鐵所
オレンジ色に輝く1200度の鉄の迫力に息を飲む

64 キッコーマンもの知りしょうゆ館
製造工程を見学　もろみの色や香りの変化を実体験
《埼玉》
65 SKIPシティ映像ミュージアム
ホンモノを触って映像制作の現場を体験・実感できる
66 グリコピア・イースト
グリコのお菓子の製造ラインから歴代のおまけ玩具まで
《群馬》
68 製粉ミュージアム
明治時代の黎明期から最新テクノロジーまで　小麦や小麦粉の専門館
《栃木》
70 おもちゃのまちバンダイミュージアム／壬生町おもちゃ博物館
「おもちゃのまち」で玩具の歴史や種類が概観できる
72 森永製菓小山工場
宇宙食製造にならった厳しい衛生管理のもとつくられる人気商品
《茨城》
73 明治なるほどファクトリー守谷
製造ラインを見学し牛乳や乳製品について楽しみながら学ぼう！

調べよう！乗りもの・交通

《東京》
74 地下鉄博物館
シミュレーターで運転手気分を味わう　実物車両の迫力も
76 JAL工場見学　SKY　MUSEUM
機体整備の様子を間近に見ながら航空機を学ぶ

77 船の科学館
幾多の試練をくぐり抜けた初代南極観測船

《神奈川》
78 帆船日本丸・横浜みなと博物館
1万1500人の実習生を育てた船上の教育現場

《千葉》
80 航空科学博物館
YS-11など実物19機を展示　飛行機の操縦体験も

《埼玉》
82 鉄道博物館
実物車両36両が並ぶ日本最大級の鉄道博物館

84 所沢航空発祥記念館
国産初の軍用機　シミュレーターで操縦体験してみよう

《群馬》
85 碓氷峠鉄道文化むら
1日講習と試験の後　本物の電気機関車を体験運転できる!

調べよう! 地球と自然

《東京》
86 夢の島熱帯植物館
小笠原固有種やカカオの木など800種以上を育成

88 国立科学博物館附属自然教育園
高級住宅街近くに残る武蔵野の自然　東京ドーム4個分以上

89 国立極地研究所南極・北極科学館
南極と北極の両方からライブ映像が流れ　雪上車の実物も展示

科学・社会編

《神奈川》
90 神奈川県立生命の星・地球博物館
隕石や化石に触れて感じる多様な地球の生命

91 オービィ横浜
世界最高水準の映像とセガのエンタメ技術が調和した自然体験

《埼玉》
92 埼玉県立自然の博物館
地元出土の標本を見て触れてたどる埼玉3億年の旅

《千葉》
94 千葉県立中央博物館
ナウマンゾウやクジラの骨格が語る房総の自然と人間

《群馬》
95 群馬県立自然史博物館
迫力に子どもが思わず後ずさり!?　恐竜の復元展示

《群馬》
96 浅間火山博物館/嬬恋郷土資料館
教訓にしたい　浅間山噴火の威力と被害と対策

《栃木》
98 大谷資料館
広大な地下空間が形づくられてきた歴史を体感しよう!

《茨城》
99 ミュージアムパーク茨城県自然博物館
観察会や体験教室　広大な敷地を生かした屋外イベントが豊富

科学・社会編

調べよう！宇宙

《東京》
100 多摩六都科学館
世界一に認定されたプラネタリウムを見に行こう！
102 国立天文台三鷹キャンパス
天文学の歩みがわかる！ 日本最大の屈折望遠鏡や最先端研究の紹介も

《茨城》
104 筑波宇宙センター
実物や精巧模型から日本の宇宙開発の歴史とその最前線がわかる

歴史・文化編

調べよう！古代の日本

《東京》
106 大森貝塚遺跡庭園／品川区立品川歴史館
モースから始まった日本考古学の出発点 標本やパネルで学ぶ
107 東京都立埋蔵文化財調査センター
土器の移り変わりを直接触れて感じよう 火おこしにも挑戦！

《千葉》
108 千葉市立加曽利貝塚博物館
集落内としては日本最大の貝塚 実物が見られる

《埼玉》
110 埼玉古墳群・埼玉県立さきたま史跡の博物館
日本最大級の円墳に登って大きさを実感！ 注目の古代史スポット
112 吉見百穴
219の横穴からなる古墳時代の埋葬地に戦時中の深い爪痕も

歴史・文化編

《群馬》
114 岩宿博物館
20歳の青年が大発見 旧石器時代の存在を証明する石器が出土

調べよう！戦国時代

《埼玉》
116 鉢形城・鉢形城歴史館
深い渓谷が内堀に 関東への要所を占め戦国武将の激戦地
118 忍城・行田市立郷土博物館
三成の水攻めにも落ちなかった忍城 映画の舞台で注目

《群馬》
120 金山城（史跡金山城跡ガイダンス施設）
有力戦国大名からの度重なる攻撃にも耐え抜いた堅固な城

調べよう！江戸時代

《東京》
122 江戸東京博物館
日本橋界隈から肥桶や千両箱まで豊富な体験型展示
124 深川江戸資料館
天保年間の町並み 実物大の再現に感じる深川の粋

《神奈川》
125 箱根関所
1日数千人の通過も 「出女」は徹底調査 江戸時代の交通を知る

《千葉》
126 伊能忠敬記念館
歴史に名を刻んだ忠敬の地図で探そう 自分の住所や出身地

調べよう! 明治時代

《東京》
128 旧岩崎邸庭園
家1軒が買える鏡 豪華な内装の数々に驚くばかりの財閥本邸
130 日野市立新撰組のふるさと歴史館
土方や井上の出身地 和装や洋装の制服で人気の記念撮影を
《神奈川》
131 横浜開港資料館
ペリーが上陸して条約が調印された歴史の現場がここに
132 記念艦「三笠」
大勝利へ導いた連合艦隊の旗艦で技術や戦法を体感
《群馬》
134 富岡製糸場／荒船風穴
生糸輸出世界一に日本を押し上げたモノづくりの原点
《栃木》
136 足尾銅山観光／足尾歴史館
トロッコ列車が案内する先に広がる近代化の光と影

調べよう! 平和と戦争

《東京》
138 しょうけい館
戦後も終わらない戦傷病者の苦しみ 保存し語り継ぐ
140 昭和館
戦前から戦後まで 戦争が影を落とす庶民の暮らし

歴史・文化編

142 第五福竜丸展示館
死の灰を浴びた乗組員と漁船が語る核時代の恐怖
144 平和祈念展示資料館
戦争が生んだ悲劇 シベリア抑留や引揚者の労苦を知る
146 東京大空襲・戦災資料センター
1万人の住所と死亡場所を結んだ命の最後の軌跡
《千葉》
147 赤山地下壕《ごう》跡
戦時中に掘られた全長1.6キロの地下壕 保存状態も全国有数
《神奈川》
148 明治大学平和教育登戸研究所資料館
秘密兵器の元研究所 日本軍の暗部を暴き科学者の倫理も問う

調べよう! 日本の伝統文化

《東京》
150 太田記念美術館
北斎ら名だたる絵師の作品1万4千点を所蔵 数少ない浮世絵専門館
152 相撲博物館・国技館
震災や戦争で途切れ復活を繰り返した国技の歴史と迫力
154 江戸東京たてもの園
江戸から昭和まで歴史的な建物を移築 遊びや生活も体験
155 台東区立書道博物館
40年余りをかけて中村不折が集めた日中の書道・漢字史料

《神奈川》
156 川崎市立日本民家園
重厚な古民家とともに味わう農村の暮らし　鮮やかな季節の移ろい

《群馬》
157 織物参考館「紫《ゆかり》」
操業中の工場で歴代の機械を見学　織る作業も体験

《埼玉》
158 さいたま市大宮盆栽美術館
長い月日を費やす世界でも人気の芸術　名品の聖地に開館

《栃木》
160 史跡足利学校
荘厳な歴史に包まれ論語ファンが集う日本最古の学校

調べよう！歴史ある庭園

《東京》
162 飛鳥山公園・北区飛鳥山博物館
吉宗が鷹狩りで訪れ庶民の遊楽地に整備　日本初の公園指定も

164 小石川後楽園
黄門さまも愛した回遊式の大名庭園　京への憧憬も漂う

《神奈川》
166 三溪園
周囲の自然と調和し静けさを醸し出す　重厚な建築物17棟

《茨城》
168 偕楽園／弘道館
9代藩主斉昭が創設　梅林広がる保養施設と文武両道の修業場

歩いて発見！まちに残る歴史

《東京》
170 中央区の歴史・観光まち歩き　築地コース
文明開化の中心地　築地・明石町を実感　発祥の地もいっぱい

172 まちあるきガイドサービス　深川芭蕉コース
ガイドさんの解説つき！　俳人・芭蕉の足跡を訪ねてみよう！

174 みたか観光ガイド協会　定例ガイドコース
ファンならば必見！　三鷹を愛した小説家太宰治のゆかりの地

●●本書をご覧になる前に

- 所 紹介施設の所在地
- ☎ 紹介施設の電話番号
- 交 紹介施設までのアクセス方法（目安ですので詳細は当該施設にご確認ください）
- P 紹介施設の駐車場の有無
- ¥ 紹介施設の入館料（目安ですので詳細は当該施設にご確認ください）
- 時 紹介施設の入場可能時間（紙幅の関係上、正式な閉館時間は省略しています）
- 休 基本的な休館日（年末年始やお盆、特定休館日等は省略していますので、詳細は当該施設のHP等でご確認ください）

※この書籍の情報は2018年5月時点のものです。

東京

アナウンサーやドラマの主役に挑戦！放送の歴史もわかる

東京都・港区

NHK放送博物館

所 東京都港区愛宕2-1-1
☎ 03-5400-6900
交 東京メトロ日比谷線「神谷町」駅から徒歩8分
P 有（若干台）
¥ 無料
時 9:30 ～ 16:30
休 月曜（祝日の場合は翌日）

世界初の放送専門館

1925（大正14）年7月、ラジオの本放送の電波が発せられたのが東京・愛宕山だった。「放送のふるさととも言うべき、この山にあった東京放送局（JOAK）の建物に56（昭和31）年、世界初の放送の専門博物館として設立されました」と担当者が説明してくれた。放送の歴史に関する資料約3万点を所蔵、順次公開している。

エントランスの放送歴史絵図で、関東大震災や東京五輪など、その折々の放送の画像・映像でおおまかな歴史をつかんだら、中2階の人気コーナー、放送体験スタジオへ。ニュースのアナウンサーや気象予報士になりきってみよう。

愛宕山8Kシアターでは2016年から試験放送が始まった8Kスーパーハイビジョンの魅力が肌で感じられるし、テーマ展示ゾーンでは、自分が大河ドラマなどの主役になったような合成映像を楽しめる「バーチャルフィッティング」も。展示されている紅白歌合戦の優勝旗は実物だ。「年末にはここから持ち出して、番組に使っています」と担当者。

玉音放送の録音盤

3階はラジオ放送開始から現在までの放送のすべてが分かるヒストリーゾーンだ。

1945（昭和20）年8月15日正午の玉音放送に使われた玉音盤も展示されている。「1枚に3分しか録音できず、約5分の放送は2～3枚に分けて2度、録音されました」という。

1926年、高柳健次郎博士が実

近くの親子スポット ★東京タワー、芝公園、愛宕神社

体験スタジオではアナウンサーやスイッチャー（手前）の体験もできる

験に成功し、「イ」の字を映し出したことから「イの字」テレビと呼ばれるブラウン管テレビの復元模型や、幻となった１９４０年の東京五輪に向けて開発されたＴＶカメラが展示されており、戦前からテレビの研究が行われていたことがわかる。また１９２５年３月に芝浦の仮放送所からラジオの仮放送が行われた際に使われたものと同じダブルボタンマイクロフォンの実物も人気だという。

担当者は「２０１６年のリニューアル開館で、体験型展示を充実させました。シニアから若者、子どもたちまで楽しんでいただけると思います」と話している。

東京

国民の代表機関 国会議事堂を見学する1時間

東京都・千代田区

参議院

所 東京都千代田区永田町1-7-1
☎ 03-5521-7445
交 東京メトロ各線「永田町」駅から徒歩3分、丸ノ内線・千代田線「国会議事堂前」駅から徒歩6分
P 無
¥ 無料
時 9:00 ～ 16:00の毎正時(見学時間は60分)
休 土・日曜、祝日

両院で違う議席の並び方

日本人なら一度は内部を見学しておきたい建物の筆頭格が国会議事堂、ここでは参議院のツアーの模様をお届けしたい。

設計図案は1918(大正7)年公募され、選ばれた宮内省技手の渡邊福三の作品を参考に建設された。1920年着工、2573万円、延べ254万人が携わり、1936(昭和11)年に完成した。外壁には花こう岩、内装には37種類もの大理石をふんだんに使っている。

参観ロビーで簡単な注意事項の説明を受けてまず本会議場へ。「参院と衆院では議席の並び方が違います。衆院は議長席から見て右から順に、多数の党派が並び、参院では中央に多数、次にその右、さらにその左の順で座ります」。案内担当の衛視の方が説明してくれた。投票の仕方や議場内の説明も受けたら、赤い絨毯《じゅうたん》の上を歩いて御休所《ごきゅうしょ》へ。ヒノキを用い、本漆塗りで当時の工芸の粋を集めたとされる。前の広間は60万個の大理石を使ったモザイク模様が施されている。

外国産は3つだけ

高さ約65㍍の中央塔の下が中央広間で4つの台座のうち3つに板垣退助、大隈重信、伊藤博文の銅像が立つ。残るひとつは決められなかったとも、「政治に完成はない」との意味だとも、将来現れる3人に匹敵する人物のために残したともされる。

「日本人の手で最高の技術を使って荘厳な建物を、というのがコンセプトでした」と担当者。「ただ、3つだけ外国産が使われています」と

近くの親子スポット ★国会図書館、皇居、弁慶橋ボート場、衆議院憲政記念館、国立劇場

開会式の当日、天皇陛下が最初に入られる御休所（上）。本会議が開かれる議場（右）
（2点とも参議院提供）

も付け加えた。

その３つは、ステンドグラスの材料、現在も使われている郵便投函《とうかん》筒、そして各部屋の鍵だという。

使われているのは米国製で一説では「マスターキーを作る技術がなかったためだと伝わっています」と意外な説明も飛び出す約１時間のツアーを終えると、かなりもの知りになった気がした。

見学は平日の毎正時（9～16時）、参観受付窓口で受け付ける。見学の5分前までに荷物検査を終える必要がある。10人以上の団体は要予約。本会議開会中など見学できない日、時間もある。

東京

実物の資料や映像を通して知る歴史上の政治家たち

東京都・千代田区

衆議院憲政記念館

所 東京都千代田区永田町1-1-1
☎ 03-3581-1651
交 東京メトロ各線「永田町」駅から徒歩5分、丸ノ内線・千代田線「国会議事堂前」駅から徒歩8分
P 無
¥ 無料
時 9:30～16:30
休 毎月末日

議場を体験し記念撮影も

「人生の本舞台は常に将来に在り」。記念館正面では憲政の神様と呼ばれた尾崎行雄の像とともに、この言葉が刻まれた碑が訪れる人を出迎える。

「江戸時代には加藤清正の邸宅があり、さらには大老井伊直弼の上屋敷がありました。明治以降は陸軍省、参謀本部が置かれていました」と学芸員が説明してくれた。

「戦後、衆議院の所管になり、1960（昭和35）年建設の尾崎記念会館を吸収した形で現在の記念館があります」という。展示では、国会の組織や歴史などを資料や映像で紹介するとともに、企画展示も随時開催している。

1階展示室に入ったらまず、本会議開会ベルを鳴らして、衆院の議場体験コーナーで記念撮影を。実際の4分の3の大きさの演壇に立ってみるもよし、議席に座って演壇から撮影してもらうもよし、だ。

歴史的事件の関連資料も豊富に

パソコンで国会の仕組みを解説するコーナーでは「仙人と修業」を選択するとクイズが出題される。ランキングも発表されるから、間違ってもお子さんに負けないように。

2階展示室には、1909（明治42）年に中国・ハルビン駅頭で伊藤博文が暗殺された際、随行の満鉄理事が撃たれた弾丸の実物を展示。1936（昭和11）年の二・二六事件で「今からでも遅くないから原隊へ帰れ」と反乱軍下士官に原隊復帰を促した通告ビラ（複製）や、

近くの親子スポット ★国会図書館、皇居、弁慶橋ボート場、国会議事堂（参議院見学）、国立劇場

議場体験コーナーで記念撮影をどうぞ

1960（昭和35）年浅沼稲次郎社会党委員長が刺殺された際の演説原稿なども。

「様々な肉筆文書の文字には、歴史上の人物の人となりも現れています。そういう視点で資料を見るのも面白いですよ」と学芸員は勧める。

記念館のある国会前庭と呼ばれる公園内には、三権分立をモチーフにした時計塔、日本各地の標高を表す際に基準となる日本水準原点などがある。緑の中をぜひ散策したい。

東京

強烈な拷問具から ギロチンまで展示 刑具の歴史を考える

東京都・千代田区

明治大学博物館

所 東京都千代田区神田駿河台1-1 アカデミーコモン地階 ☎ 03-3296-4448 交 JR総武線・中央線「御茶ノ水」駅から徒歩5分、東京メトロ丸ノ内線「御茶ノ水」駅から徒歩8分 P 明治大学リバティタワーに有（有料） ¥ 無料（特別展は有料の場合あり） 時 10:00～16:30 休 無休（日曜、祝日、大学の定める休日は、博物館図書室・ミュージアムショップM2も閉室）

役人も避けたかった拷問!?

「笞打《むちうち》」「石抱《いしだき》」や「海老責《えびぜめ》」などの拷問具、「鋸挽《のこぎりびき》」のための穴晒箱や火あぶりのための火罪木などの刑具。実物大で再現された展示を見ていると、さぞかしすごい取り調べだったのだろうと思ってしまうが、「実際にひどい拷問が行われた記録などはあまり多くありません。死刑の罪に相当し、よほどの証拠があって本人の自白がない場合に上役の許可を得て拷問が行われましたが、拷問をよく行う役人は取り調べが下手と思われるので、役人も拷問をしたがらなかったとも言われます」。学芸員が説明してくれた。

裁判も先例を事細かに調べて行われたが、そのためにさまざまな記録が几帳面に残されていた。こうした記録のほか、教科書にも登場する「武家諸法度」「生類憐《あわれ》みの令」「公事方御定書」などは実物・原本を展示してある。十手や刺叉などの捕者具も。

ギロチンは苦痛を取り除く!?

博物館は考古、商品と刑事の3つのテーマで展示されているが、特色ある刑事展示は、明治大学法学部の刑法教育に由来する。1928（昭和3）年、欧米にあった刑事関係博物館に倣い、実物を見ることによる教育、博物館構想が持ち上がり、翌年から資料の収集を開始、入手不可能なものは複製品の製作が行われた。

で、その複製品の一つがギロチン。18世紀末フランスに誕生した処刑具は圧倒的な存在感で迫って来る。「残酷な刑」と思いがちだが、「受刑者に苦痛を与えるのを目的とせず、逆

近くの親子スポット ★ニコライ堂（キリスト教会）、阿久悠記念館（博物館）、アテネ・フランセ文化センター（映画館）、湯島聖堂（孔子廟）

ギロチン(手前)とニュルンベルクの鉄の処女

にできるだけ苦痛を取り除くように考えられました。ギロチンの登場は欧州の刑罰観が大きく転換したことを意味します」(学芸員)。

隣に並ぶ中世ドイツの拷問・処刑具「鉄の処女」は、鉄の扉の内側に針が取り付けられ、受刑者を閉じ込める。聞いただけで痛くなりそうだが、これも、「実在したと考えられてきましたが、後世の想像の産物という見解もあります」という。

「日常、あまり接点のない刑罰の展示で衝撃的なものも多いですが、その歴史は現代につながっています。今の問題を考える上でも関心を持つきっかけにしてもらえれば」(学芸員)。その上で「拷問などを無くしてきた社会の努力を受け継いでもらえれば」と話している。

東京

手軽に見られる 世界中の切手33万種 日本最大の所蔵数

東京都・墨田区

郵政博物館

所 東京都墨田区押上1-1-2 東京スカイツリータウン・ソラマチ9F
☎ 03-6240-4311
交 東武スカイツリーライン「とうきょうスカイツリー」駅または各線「押上」駅からすぐ
P 有（有料）
¥ 大人300円、小・中・高校生150円
時 10:00 ～ 17:00
休 不定休

郵便配達を疑似体験

「来館者の顔触れは変わりましたか」と尋ねると、学芸員はにっこりして「女性が増えましたね」。東京・大手町にあった逓信総合博物館が郵便に特化した形で２０１４（平成26）年3月、東京スカイツリーのお膝元にオープンした。

常設展示ゾーンは「始」「郵便」「手紙」「切手」「郵便貯金」「簡易保険」の6つの「世界」に分かれる。『「郵便」ノ世界』では、バイクで郵便配達を疑似体験できるシミュレーター「Ｇｏ！Ｇｏ！ ポストマン」を試そう。郵便ポストは「丸型」のきっかけとなった俵谷式、中村式から現代のものまで順路に沿って並ぶ。『「手紙」ノ世界』で珍しいのは矢文だ。矢に紙を結び付けるのではなく、矢の軸に紙をぐるぐる巻き付ける形のものが展示されている。

『「切手」ノ世界』で、引き出し式に展示されている切手は約33万種類。世界でも「おそらくトップクラス」（学芸員）という。各国のものが年代別に整理され、歴史的な出来事などがあった前後の切手の変貌などを、簡単に見ることができる。「ブラックペニー」「竜文切手」といった世界初、日本初の切手も。デジタル切手帳「Ｓｔａｍｐ Ｐｏｎｄ」では「花」「名画」「かわいい」などの検索語を入力すると、画面上に切手が浮かびあがって来る。

オリジナル絵はがきも

企画展示室の貴重資料コーナーでは、ペリー来航時に持ち込まれた「エンボッシング・モールス電信機（国重要文化財）」などの所蔵品が期間

近くの親子スポット ★千葉工業大学東京スカイツリータウンキャンパス（アトラクション）、東京こども区こどもの湯（ボールプール）、すみだ水族館、コニカミノルタプラネタリウム（すべてソラマチ内）

初期の郵便ポスト「書状集箱」の展示も

郵政博物館の入り口
(2点とも郵政博物館提供)

を定めて展示される。

見学を終えたら、自分の顔をはめ込むなどしたオリジナル絵はがきを「絵はがきクリエーター」(無料)で作ってみよう。6種類のBGMをQRコードにして添付することもできる。「郵政博物館に行きました～」と書かれたハガキを博物館入り口の「ポスツリー」に投函すると、向島郵便局の「スカイツリー」の風景印が押されて配達されるそうだ。

東京

違法薬物やコピー商品 水際で阻止する 税関の役割に注目

東京都・江東区

東京税関 情報ひろば

所 東京都江東区青海2-7-11 東京港湾合同庁舎2階
☎ 03-3599-6264
交 ゆりかもめ「テレコムセンター」駅から徒歩3分
P 無
¥ 無料
時 9:00 ～ 17:00
休 土・日曜、祝日

X線検査の体験コーナーも

「匂いをつけたダミーのタオルを見つける訓練から始めます」。空港などで活躍する税関の麻薬探知犬について、東京税関広報広聴室の担当者が説明してくれた。主にラブラドールレトリバー、シェパードの2つの犬種で、「タオルを見つけると、ハンドラー（麻薬探知犬の訓練などを担当する税関職員）が遊んであげる。それを繰り返し、麻薬を探知すれば遊んでもらえると理解させ、約4カ月間の訓練の後、試験に合格した犬が採用されます」という。

展示室では違法薬物の密輸手口も紹介。二重底にしたスーツケースや靴底、金属製の置物などに密閉されていた密輸品までしっかり見つかっていることが分かる。

X線検査の体験コーナーでは、コーヒー豆の袋の中に入れられた拳銃が、見事に浮き上がって見えた。

ワシントン条約の規制品も

コピー商品は本物と偽物を並べて展示。ワシントン条約の規制品コーナーには、虎のはく製や象牙などが並び、担当者は「規制品を材料とした漢方薬（虎骨、熊胆《くまのい》など）や革製品（ワニ、ヘビなど）などは、現地でお土産として売られていても、輸出国、輸入国双方で決められた手続きを取らなければ持ち込めません。ご注意を」と話す。

ところで金額ベースで輸出の23％、輸入の34％余りを扱う東京税関だが、歴史は比較的新しい。「江戸時代に東京港にも運上所（築地鉄砲洲＝現在の中央区明石町）はありましたが、現在の東京税関は組織上、昭和28年に横浜税関から分離、独立したものです」（担当者）。そのせいか、管轄も複雑で、群馬県は東京税関、栃木県は横浜税関の管轄となっている。

近くの親子スポット ★お台場海浜公園、船の科学館・宗谷、東京レジャーランド、アクアシティお台場（複合商業施設）、パレットタウン（複合商業施設）

東京

江戸時代から現代まで 広告資料30万点所蔵 懐かしCMも検索可能

東京都・港区

アドミュージアム東京

所 東京都港区東新橋1-8-2 カレッタ汐留内
☎ 03-6218-2500
交 各線「新橋」駅から徒歩5分、都営大江戸線・ゆりかもめ線「汐留」駅から徒歩1分
P 有（有料）
¥ 無料
時 11:00 ～ 18:00
休 日・月曜

番号を振ったから番傘

ピーター・ドラッカーはその著書『マネジメント』で、マーケティングの原点は三井越後屋（現三越）が始めた「現金掛け値なし」という顧客本位の商法だとしている。

「その商法を伝えるのにいまのチラシにあたる引き札を50万枚、江戸中に配布したといいます。世界に先駆けた広告のルーツです」。学芸員が説明してくれた。

こうした江戸時代からの広告資料や現代までのCMなどの資料30万点を所蔵している、世界に類をみない広告専門博物館で、2017年12月にリニューアルオープンした。

越後屋が雨の日に貸し出し、番号が振ってあったことから番傘の語源になった傘、「仙女香」の商品名が片隅にさりげなく描かれた錦絵など、広告や販促の原点となった資料も展示されている。「現代のクールジャパンにつながる、江戸時代からの先人の知恵ですね」（学芸員）。

リニューアルの目玉

明治から現在にかけてはその時代を象徴するポスターが随所で目を引く。大正時代、初のセミヌード写真を使って世間を驚かせた「赤玉ポートワイン」のポスターは、忠実に復刻されたものだ。

「男は黙って―」「いまの君はピカピカに光って―」。何のCMだったかお分かりですか。こうした懐かしいものを含め、テレビの放送開始から現代のものまでテレビCMは11万本以上が所蔵されている。このうち数千本を55インチモニターで見ることができるのが、リニューアルの目玉となるアーカイブコーナーだ。もちろん残りのCMもライブラリーで検索可能という。国内外の広告賞展や最近の広告のトレンドを紹介するような企画展も随時行われる。

近くの親子スポット ★カレッタ汐留（複合商業施設）、浜離宮庭園、パナソニック 汐留ミュージアム、旧新橋停車場鉄道歴史展示室

東京

日本が世界に誇る偽造防止技術を体験装置で確認

東京都・北区

お札と切手の博物館

所 東京都北区王子1-6-1
☎ 03-5390-5194
交 JR京浜東北線・東京メトロ南北線「王子」駅から徒歩3分、都電荒川線「王子駅前」駅から徒歩3分
P 無
¥ 無料
時 9:30 ～ 17:00
休 月曜（祝日の場合は翌日）

印刷工程のパネルや模型

　本書にある日銀の貨幣博物館と造幣さいたま博物館、このコーナーで取り上げる国立印刷局のお札と切手の博物館の3つを回ると、日本のお金の仕組みについてはちょっとした蘊蓄《うんちく》を披露できるようになりそうだ。

　基本をおさらいすると、造幣局は貨幣や勲章などを造り、国立印刷局は「紙幣や切手、官報など」の印刷が主要な仕事だ。日銀はお札の発行元だ。「博物館の最初に展示してあります」と学芸員も笑う。

　博物館の1階では紙幣や切手の偽造防止技術の歴史がパネルや展示資料で説明され、同局が世界に誇る偽造防止技術のあれこれが、体験装置で確認できる。マイクロ文字、紫外線で光るインキ、潜像模様…。

　例えば、お札の線のように見える部分にも「NIPPON GINKO」などのマイクロ文字が印刷されている。これはコピーでは再現できない。透かしは和紙の材料を使った製紙段階で、紙の厚みを調節することで入れる。「世界でもトップクラスの技術ですが、製法は門外不出です」（学芸員）。

現金の重みと厚さを体験

　人気は1億円を持ち上げるコーナーだ。実は意外に軽い。約10キロだ。これで自分の体重分の1万円札が合計いくらになるかはお分かりだろう。60キログラムの人なら6億円だ。

　2階には珍しい国内外のお札や切手も展示されている。第二次世界大戦後、ハイパーインフレに見舞われたハンガリーのベンゴ札は、単位が10垓《がい》（10の21乗）。数字で表せずア

近くの親子スポット ★飛鳥山公園、紙の博物館、名主の滝公園、音無親水公園

紙幣や切手の偽造防止技術の歴史を説明する1階展示室

珍しい国内外のお札や切手が
並ぶ2階展示室

外観
(3点ともお札と切手の博物館提供)

ルファベットで表記してあった。通貨の安定がいかに大事か分かる。

東京

体験型展示が充実！ 千両箱を持ち上げ オリジナル藩札づくり

東京都・中央区

日本銀行金融研究所 貨幣博物館

所 東京都中央区日本橋本石町1-3-1
☎ 03-3277-3037
交 東京メトロ半蔵門線・銀座線「三越前」駅から徒歩2分、東西線「日本橋」駅から徒歩6分
P 無
¥ 無料
時 9:30 ～ 16:00
休 月曜（祝日の場合は開館）

時代に分けて歴史を紹介

江戸時代、小判の製造を一手に引き受けていた金座の跡地に建つ日本銀行の１００周年を記念して博物館が設置され、１９８５（昭和60）年に開館、30年経った２０１５年にリニューアルオープンした。

「リニューアルは、より親しみやすく、分かりやすくをコンセプトに体験型展示を充実させました」と学芸員は話す。言葉通り、天正長大判のレプリカや千両箱を持ち上げてみたり、スタンプを３回押してオリジナルの藩札をつくってみたり。作業をすることで、印象をより強く残せる仕組みに工夫されている。

展示は、富本銭《ふほんせん》に始まり日本銀行券に至るまでの日本の通貨の歴史を古代、中世、近世、近代に分けて紹介。トピックコーナーでは、江戸時代の旅人が、盗まれるのを恐れて刀の柄《つか》などに金貨を隠して持ち運んだ様子も。時代劇を見る目が変わりそうだ。

江戸時代から偽造防止に腐心

「江戸時代、藩札の偽造防止のため、いくつかの版木（原版）を別々の人物に管理させて、印刷していた藩もありました」（学芸員）。「通貨偽造防止は古くから為政者の関心事で、藩札にはすでに透かしも入っています」という。現代のマイクロ文字のはしりとも思える小さな文字も藩札に刷られている。拡大鏡で探してみよう。

興味深いのは江戸後期に教育用の刷り物として出された「人間一生入用勘定」。60歳まで生きるのにどれだけのお金が必要か（主食の米代を

近くの親子スポット ★三井記念美術館、コレド室町（ショッピングセンター）、お江戸日本橋亭（演芸場）、Daiichi Sankyoくすりミュージアム

時代に分けて貨幣の歴史を説明する展示

貨幣博物館の入口
（2点とも貨幣博物館提供）

除く）を表したもので、５７９両（１両＝10万円として５７９０万円）だそうだが、そのうち22％が酒代として計上されている。

「ホンモノの展示が多いのも館の特徴です。実物を見て、毎日身近に使っているお金の歴史、大切さを知ってもらえれば」と学芸員は話している。ちなみに展示室入口の脇にある、原始時代を描いたマンガに出てきそうな直径１㍍はあろうかという石のお金（石貨）。ヤップ島で流通していたものだ。

埼玉

世界トップレベルの技術を目の当たり 貨幣や勲章の製造現場

埼玉県・さいたま市

造幣さいたま博物館

所 埼玉県さいたま市大宮区北袋町1-190-22
☎ 048-645-5899
交 JR各線「さいたま新都心」駅から徒歩12分
P 無
¥ 無料
時 9:00～16:00
休 博物館は無休、工場は土・日曜、祝日

きれいすぎて使えない!?

「ここはじっくり見てください」。見学ガイドツアーの案内担当者が立ち止まったのがプルーフ貨幣と呼ばれる特別な方法で製造される貨幣の圧印現場。ルーペを覗く職員の真剣な表情に、「世界トップレベルの美しさは、こうした作業で生まれます」と誇らしげだ。通常の貨幣と異なり、研磨、防さび塗装などを施し、メダルなどとともにプラスチックケースに組み込まれ、さまざまな貨幣セットとして販売される。「きれいねー」の感想に交じり、「使えるんですか」との質問も。「あまり使う人はいませんが、きれいすぎて偽物だと思われたという話は聞いたことがあります」（案内担当者）。

同支局では、この貨幣のほか、勲章、工芸品などの製造を行い、一部通常貨幣もつくっている。また貴金属製品の品位証明なども。

世界初の偽造防止技術

勲章の製造現場では七宝の盛り付けなどを行っていた。こちらもルーペを覗きながらの綿密な作業が続く。「七宝メダルも作っています。勲章をもらえない方はこちらを買ってください」。見学者から笑いが漏れた。

博物館では、500円玉に施された斜めギザと呼ばれる大量生産型では世界初の偽造防止技術などの説明を受け、太平洋戦争末期につくられた陶器の貨幣（発行には至らなかった）の展示も。明治5年の造幣局の出勤簿もあり、「日本で最初に週1日の休みを取り入れた企業です」。軽妙な語り口の説明を聞いている

近くの親子スポット ★コクーンシティ（ショッピングセンター）、大宮盆栽美術館、鉄道博物館、氷川神社

さまざまな貨幣が展示されている博物館

博物館がある造幣局さいたま支局の外観（2点とも造幣さいたま博物館提供）

うちに1時間半のツアーが終わった。

茨城

3Dメガネを使って日本列島の空中散歩を疑似体験！

茨城・つくば市

地図と測量の科学館

所 茨城県つくば市北郷1
☎ 029-864-1872
交 TX「つくば」駅から関東鉄道バスで「国土地理院」下車、徒歩1分
P 有（無料）
¥ 無料
時 9:30～16:30
休 月曜（祝日の場合は翌日）

最古の地球儀はコロンブス時代

館内に入ると、床一面に描かれた日本地図が目に飛び込んで来る。実は赤青の３Ｄメガネで見ると、立体的に見える仕組みで、名付けて「日本列島空中散歩マップ」。縦横が10万分の1の縮尺に対して、高さは約1万分の1と、強調してある。地図上を歩くと富士山につまずいたり、日本海溝に足を取られたりしそうに感じるが、実際は平面だから大丈夫だ。

常設展示室は「地球に向かう」「情報に向かう」「暮らしに向かう」の３つをテーマに地図や測量の資料が展示されている。

ドイツ人マルティン・ベハイムが１４９２年に作った現存する最古の地球儀「ベハイムの地球儀」（レプリカ）をよく見ると、アメリカ大陸がまだ描かれていないことが分かる。この年はコロンブスがスペイン南部の港を出港した年にあたり、彼が「西に行けばインドに行ける」と考えていたのも無理はない。

ちなみにこの地球儀には日本も描かれているので、ぜひ探してみよう。

大日本沿海輿地全図（伊能図の模写図）などが展示されている古地図のコーナーでは自宅近くの地名を探してみよう。江戸時代にはかなり今と同じ地名になっていることが分かるはずだ。

楽しみながら地図に親しむ

苦手な人も多いだろう地図記号は「クイズラリーが子どもたちに人気です」と国土地理院広報広聴室の担

近くの親子スポット ★つくばエキスポセンター（科学館）、国立科学博物館筑波実験植物園、筑波宇宙センター、科学万博記念公園、豊里ゆかりの森キャンプ場

3Dメガネで日本地図を見ると、富士山が浮き出て、日本海溝の深い様子も一目瞭然

日本列島球体模型は地球の広さと丸さを実感できる（地図と測量の科学館提供）

当者。「遊びの中で地図に親しんでもらいたい。大人になっても役に立ちますから」と話す。

日本の地下では移動する４つの「プレート」の複雑な力が働いており、陸側プレートにひずみがたまり、跳ね上がることによって起きるのが、プレート境界型地震だ。「プレートテクトニクス」の模型を操作するとメカニズムが一目瞭然だから体験しておこう。

館外にある地球ひろばには、地球を20万分の1に縮小した球体模型が。目の高さを1・5㍍にすると、それは高度３００㌔から見る地球の姿だ。地球の丸さを実感しよう。日本の領海が結構広いのも分かる。

東京

クイズ大会が大人気! エネルギーと環境を考える科学館

東京都・江東区

がすてなーに ガスの科学館

所 東京都江東区豊洲6-1-1
☎ 03-3534-1111
交 東京メトロ有楽町線・ゆりかもめ「豊洲」駅から徒歩6分
P 有(無料)
¥ 無料
時 9:30 ~ 16:30
休 月曜(祝日の場合は翌日)

父親を上回る子供も

「100人以上も集まるとホントに盛り上がっていますよ」。科学館広報・総務グループの担当者が誇らしげに話すのは、土日祝日にクイズホールで1日5回行われる「クイズがすてなーに」の模様だ。

200人を収容できるホールのイスには、4択のスイッチがついており、正面のスクリーンで出題される5問のクイズに答える。終了後には、成績上位10位までのランキングが発表される。正答数が同じなら、回答までのタイムも競うので、人に尋ねていると、ランキング上位は望めない。『お父さんに勝った』という歓声も上がったりしてますね」(広報・総務グループの担当者)というから、保護者の方もきちんと見学しておかないと少し恥ずかしいことになるかも…。「毎回、別の問題が出題され、全回参加される方も多いですよ」(同)。

エネルギーの疑問を解決

東京ガスが運営する、ガスを中心にエネルギーと環境を考える科学館。館内で使用される電気の約6割はガスで発電されている。

展示は「エネルギーと環境の?《はてな》を学び、!《なるほど》を実感」をコンセプトにした体験型だ。「プカ(ガスと炎のキャラクター)のひみつ」コーナーでは、家庭に届けられた天然ガスのルーツをたどる。マイナス162度の冷たさに耐えられるメンブレンという金属板を内側に取り付けられた液化天然ガス(LNG)タンクの秘密を知り、ガス掘削のドリルを回したら、最近、ほとんど見かけなくなった石

近くの親子スポット ★ららぽーと豊洲(ショッピングセンター)、キッザニア東京(体験型テーマパーク)、IHIものづくり館アイミューズ(博物館)、豊洲公園

体験展示で楽しみながら学んだらクイズに挑戦だ

炭にも触ってみよう。

炎のふしぎギャラリーでは、種類によって様々な色に変わる金属化合物の炎色反応が注目だ。「地球を考えるファミレス」では、食材模型を持ち上げると輸入先などが表示され、地場で旬の食べ物を選ぶことが省エネにつながることが分かる。

「各展示の近くにはコミュニケーターと呼ばれるスタッフが常駐しています。気軽に質問してください。また芝生の屋上は、2万分の1の縮尺の日本列島をイメージしてあります。地球が丸いことが実感できると思います。こちらもぜひどうぞ」と担当者は話した。

東京

指名手配犯を探し 容疑者情報を集め 警察の仕事を体験

東京都・中央区

ポリスミュージアム（警察博物館）

所 東京都中央区京橋3-5-1
☎ 03-3581-4321
交 東京メトロ銀座線「京橋」駅から徒歩2分、有楽町線「銀座一丁目」駅から徒歩4分
P 無
¥ 無料
時 10:00 ～ 17:00
休 月曜（祝日の場合は翌日）

鑑識作業や聞き込みも

3階にある「指名手配犯を探せ」の体験コーナー。中学生らしい女子生徒のグループが正解したのを見て、筆者も上級に挑戦してみた。横断歩道をこちらへ向かってくる20人ほどの中から、30代らしい無精ひげをはやした男性を見つける問題だ。

「えー、いないぞ」と思っているうちに時間切れになってしまった。もう一度、今度は50代ぐらいの男性にも挑戦したがまた失敗…。

手配写真を頭に焼き付け、実際に雑踏の中で容疑者を見つける見当たり捜査がいかに職人技であるかを思い知らされた。

２０１７年４月にリニューアルオープンしたポリスミュージアムは、「警察の仕事の疑似体験ができる展示を充実させました」と広報センターの担当者が説明してくれた。指紋採取、足跡、タイヤ痕の判別などの鑑識作業や聞き込みを行い、容疑者の情報を集める、あるいは逃走車両の色やナンバーを記憶するシミュレーションも。

子ども用制服で記念撮影

ただ、ここに来る前に警視庁の歩みを展示した5階、警視庁の各部を紹介した4階にもぜひ立ち寄ろう。現在の生化学防護服などが展示してある5階では、警視庁が西南の役でも奮戦したことが分かる。4階ではスパイの使う乱数表も展示、ミニシアターでは警察犬を扱ったアニメ「ぼくは鼻のそうさかん」も上映している。

小さなお子さんは2階で「知らない人についていかない」など「ピー

近くの親子スポット ★ポーラ ミュージアム アネックス、東京スクエアガーデン（ショッピングセンター）、国立映画アーカイブ（映画専門美術館）

おまわりさんなりきり体験は子どもたちに人気だ

入口にあるパトカー
（2点とも警視庁提供）

ポくんとの約束」を。保護者の方は泥棒に狙われやすい箇所を指摘する防犯診断をぜひ試したい。

100、120、140㌢の3サイズがある子ども用制服に着替えたり、東京五輪でも活躍した初代警察ヘリ「はるかぜ1号」に乗ったりしたら、最後には入口に展示してあるパトカーと記念撮影するのも忘れずに。

「警視庁本部の見学も可能です。詳しくはホームページをご覧ください」と担当者は話している。

東京

ジオラマや映像で消防の歴史を伝える日本で唯一の専門館

東京都・新宿区

消防博物館

- 所 東京都新宿区四谷3-10
- ☎ 03-3353-9119
- 交 東京メトロ丸ノ内線「四谷三丁目」駅からすぐ、都営新宿線「曙橋」駅から徒歩7分
- P 無
- ¥ 無料
- 時 9:30～17:00 （図書資料室は水・金・日曜の13:00～16:30）
- 休 月曜（祝日の場合は翌日）

江戸時代に結成の消防隊

「火事と喧嘩は江戸の華」という言葉がある通り、江戸は何度も大火に見舞われてきた。これに対応するために消防の歴史もまた江戸時代から始まっている。

3代将軍家光の時代、1629（寛永6）年に奉書火消と呼ばれる組織が作られた。初めての消防隊である。その後、大名火消、定火消などが整えられ、1718（享保3）年には、大岡越前守忠相が町火消を創設し、その2年後には「いろは48組」（当初は47組）を編成した。これが町人のための本格的な消防組織だった。

しかし、木造の家が密集しており、消火方法も周りの家を壊すというもので、一度燃え広がるとなかなか作業ははかどらなかったようだ。

「竜吐水と呼ばれる手押しポンプもありましたが、遠くまで水を飛ばせるものではなく、人々はこれで半纏(はん てん)に水をかけて消火作業に当たったようです」。展示品を前に博物館の担当者は話す。

退役消防車はマニアに人気

同館ではこうした江戸時代から現代に至るまでの消防の歴史をジオラマや映像、体験コーナーなど多彩な

近くの親子スポット ★東京おもちゃ美術館、新宿御苑、新宿歴史博物館、迎賓館 赤坂離宮、明治神宮外苑

レトロな消防車も人気だ

方法で紹介する。明治時代のはしご車や昭和40年代の二輪消防車（赤バイ）、退役した消防ヘリの勇姿も。地下展示室にある退役消防車は、クラシックカーの趣があり、マニアの見学も多いという。

「消防の歴史は、災害にどう向き合うかの歴史です。例えば赤バイは一度廃止されたのですが、阪神淡路大震災で機動力が見直され、再導入されています」（担当者）。「消防専門の博物館は日本でここだけなので、海外からの視察も多いんですよ」という。

東京

治水・利水で育んだ世界最高水準の技術400年の歩みを学ぶ

東京都・文京区

東京都水道歴史館

所 東京都文京区本郷2-7-1
☎ 03-5802-9040
交 各線「御茶ノ水」駅から徒歩8分、東京メトロ丸ノ内線・都営大江戸線「本郷三丁目」駅から徒歩8分
P 無
¥ 無料
時 9:30 ～ 16:30
休 毎月第4月曜（祝日の場合は翌日）

江戸水道の総延長は152キロ

江戸時代、世界最大の都市だった江戸は、上下水道でも世界最高水準の設備を持っていた。

「水田での稲作を行い、河川氾濫を防ぐため古くから利水、治水を行ってきた歴史がありました。培われてきた技術が反映されたといえるでしょう」。東京都水道歴史館の企画調査責任者は語る。

玉川上水などから引き込まれた水は町に入ると石、木、竹で作られた管で市中の上水井戸に送られた。水道の総延長は152キロに及んだ。

「上水と下水が混じらないように工夫されていました。欧州では都市に下水やごみがあふれていたころです」（企画調査責任者）。「幕末に日本を訪れた外国人が、町がきれいなのに驚いたのにもうなずけます」

音声ガイダンスを交えて展示

こうした江戸時代の水道資料は歴史館2階で展示されている。羽村の取水堰《せき》からわずか90メートルの落差で市中に水を行き渡らせるため、水をためて水位を保つ桝による工夫や、漏水を少なくするための管や継ぎ手など、当時の技術が一目で分かる。

1階では明治以降、震災や戦争などを乗り越えて規模・水質ともに世界有数のレベルにある都内の水道の

近くの親子スポット ★印刷博物館、日本サッカーミュージアム、東京ドームシティ（複合レジャー施設）、明治大学博物館、本郷給水所公苑

復元された江戸時代の長屋の様子（東京都水道歴史館提供）

歴史が実物、模型や映像などで紹介される。

４００年に及ぶ江戸・東京の水道の歩みを多くの音声ガイダンスを交えて展示している。「土日祝日には、館内に隠れた動物を探す『どうぶつクイズ』や『ふたりで聞こう音声ガイド（小学４〜６年生とその保護者対象）』を開催しています」（同）。「夏休みには、自由研究を手助けする展示やイベントを行っているほか、クイズや縁日なども開催しています」とのことだ。

東京

ぜひ知ってほしい ごみ減量の必要性と処理現場の現実

東京都・都内各所

清掃工場見学会（東京二十三区清掃一部事務組合）

東京二十三区清掃一部事務組合のHPにある「イベントカレンダー」で見学会の日程を確認し、各清掃工場へ見学2日前の午後3時までに電話で申し込む（先着50名まで）。見学時間は1時間30分程度で、現地集合・現地解散。詳細は同HPもしくは03-6238-0613（同組合総務部総務課広報・人権係）まで。

収集車1台分を一つかみ

「うわっ、すげー」。大量のごみを一つかみにしたクレーンが、ガラス越しに見入る子どもたちの目の前にやってくると、驚きの声が上がった。

「いつもは自動でクレーンが動き、バンカ（ごみの貯留設備）内のごみをかきまぜていますが、今日は手動で目の前に持ってきてくれたようですね」

東京二十三区清掃一部事務組合の渋谷清掃工場で開かれた親子見学会に参加した約30人に、同工場技術係の担当者の方が説明してくれた。「1台の収集車が集めた分（2トン）を一つかみにすることができます」という。

同工場は山手線の内側で唯一稼働している清掃工場。1日に渋谷区内で排出される家庭ごみとほぼ同量を処理し、その熱で発電、工場の電気を賄い、余剰電力は売却もしているという。

処分場の寿命はあと50年

見学会はこうした説明を受けた後、通路から中央制御室を見たり、模型の焼却炉でごみを燃やす仕組みを学習。可燃ごみとして捨てられた不燃ごみの展示には、10キロはありそうな鉄アレイまであり、同行の保護者もあきれ顔だ。

側面を透明な強化プラスチック張りにした同区の広報用清掃車「ごみえるくん」も登場。「ごみ袋に空気が入っていると収集車で圧縮した時に破裂しやすい。なるべく空気は抜いてください」との説明に、一同うなずく。（注・見学会に「ごみえるくん」が登場しない場合もある）

中央制御室の様子をガラス越しに見学する児童ら

「23区から発生するごみの埋立処分場（新海面処分場）は50年でいっぱいになるといわれています」との担当者の説明に、「その後どうするの」との児童の質問も。「決まっていません。とにかくごみを減らすことが大事です」との返事をかみしめながら見学を終えた。

東京二十三区清掃一部事務組合は23区内21カ所の清掃工場を管轄、23区内の一般廃棄物の中間処理を行っており、見学は各工場で行われている。

東京

ワオキツネザルから日本酒280本まで大学研究の成果を知る

東京都・世田谷区

東京農大「食と農」の博物館・展示温室「バイオリウム」

- 所 東京都世田谷区上用賀2-4-28
- ☎ 03-5477-4033
- 交 小田急線「経堂」駅または「千歳船橋」駅から徒歩22分、東急田園都市線「用賀」駅から東急バスで「農大前」下車、徒歩3分
- P 無
- ¥ 無料（バイオリウムツアーは大人500円、小中学生250円）
- 時 10:00 ～ 17:00 （12 ～ 3月は～ 16:30）
- 休 月曜（祝日の場合は翌日）

世界各地の動植物に触れる

「動物園、植物園、水族館という垣根を取り去った『生き物空間』がバイオリウムです」。運営する進化生物研究所の主任研究員が目を細めた。

マダガスカルやアフリカ大陸を中心に中南米などの植物がゾーンごとに植栽され、動物のにおい、植物の棘《とげ》にじかに接することができる。シャンプーの木、カナボウの木、各種アロエ類が生い茂る。

マダガスカル固有の原猿類はワオキツネザルなど4種60頭ほどを飼育。時折起きる大コーラスには驚かされるだろう。

「説明のパネルは極力省きました。実物を見て感じてほしいですね」と今木さん。

日本酒の蔵元の5割が出身者

一方、東京農大のこれまでの積み重ねを展示する「食と農」の博物館は、ここならではの展示が多い。「日本酒の蔵元の約5割が本学出身者」（事務室長）というだけあって280本に及ぶ酒瓶の展示はその典型。美術館の趣がある。

ニワトリの学術標本はその種類の多さに驚かされる。年代物のトラクターや日本の古民家のジオラマと古農具の展示、全国各地の酒器コレクションからなんと「流水の天使クリ

近くの親子スポット ★世田谷美術館、砧公園、駒沢オリンピック公園

全国各地の地酒を紹介

日本の古民家が再現され、伝統的な農具も展示

バイオリウムはマダガスカル島の自然を基本にしている

かわいらしい「流氷の天使」クリオネも（左側3点とも東京農大提供）

オネ」まで見ることができる。

「大学の教育や研究成果が展示の基になっています。多少難しいとは思いますが、子どもたちにこそ来てほしい。その経験と記憶が後になって自身の興味に結び付くことがありますから」と主任研究員は話している。

東京

震度7で家屋崩壊 あなたはどうする? 仮想の体験学習ツアー

東京都・江東区

東京臨海広域防災公園

所 東京都江東区有明3丁目
☎ 03-3529-2180（東京臨海広域防災公園管理センター）
交 ゆりかもめ「有明」駅から徒歩2分、りんかい線「国際展示場」駅から徒歩4分
P 無（予約団体バスのみ）
¥ 無料
時 公園／6:00〜20:00、体験施設／9:30〜16:30
休 月曜（月曜が祝日の場合は火曜）

防災知識をクイズ形式で学ぶ

案内の女性に促されて乗り込んだエレベーターがガタガタと揺れ出した。12月の夕方、10階建てビルの最上階から地上に降りる途中で震度7の地震に見舞われる。震災後の72時間をシミュレーションする体験学習ツアーはそんな想定で始まった。

エレベーターは止まることなく、無事地上に。避難誘導灯に従って外に出ると、ビルや家屋が崩壊した薄暗い街並みに出くわす。ここから参加者は事前に手渡されたタブレットの画面を通じて出題されるクイズを解きながら、避難場所を目指すことになる。

「火事を発見したときの正しい対応は？」

「感電に注意しなければならないのはどんな場所？」

解答後は、詳しい説明が画面に表示され、ツアーの間、クイズを解くことで防災の知識が身につく仕組みだ。

震災後の72時間をどう過ごすか

クイズには大人用と小学生用があり、担当者によると「子ども用は多少易しくなっていますが、十分役立つ内容です」という。「地震そのものを学習、体験する多くの防災学習施設と違い、ここでは被災後、最も公的支援が少ないと考えられる72時間をどう過ごせばいいかを学んでほしい」と話す。

子どもたちが近くの広場で遊べるよう、サッカーやバレーのボール貸し出し（無料）を行うのも、「手軽

近くの親子スポット ★東京ビッグサイト（コンベンション・センター）、パナソニックセンター東京（ショウルーム）、ワンザ有明ベイモール（ショッピングセンター）、そなエリア東京BBQガーデン（バーベキュー施設）、有明テニスの森公園

大地震直後の市街地を再現したジオラマ

防災体験学習施設の外観
(2点とも東京臨海広域防災公園提供)

なレジャーとして家族で訪れて」との気持ちの表れだ。敷地内でバーベキューも楽しめ「炭の起こし方も身につけてほしいですね」と担当者は話している。

埼玉

中川流域を水害から守る巨大地下神殿を体験

埼玉県・春日部市

首都圏外郭放水路

所 埼玉県春日部市上金崎720
☎ 048-747-0281
交 東北自動車道「岩槻」ICから約15km
P 有（無料）
¥ 無料（予約制）
時 10:00、13:00、15:00（見学時間は60分）
休 月曜

神殿の柱は1本500トン

天井のライトに照らされて、巨大な地下神殿が浮かび上がった。首都圏外郭放水路の「調圧水槽」だ。1本500トンもある柱59本が、天井を支えるが、「実は柱は『おもし』の役目を果たしているんです」と国交省首都圏外郭放水路管理支所長が説明してくれた。

調圧水槽は長さ177メートル、幅78メートル、高さ18メートルの空間。地上に構造物もないままこんな巨大な空間を地下に作ると、地下水から押し上げようとする圧力を受けるのだ。「風呂場で洗面器を沈めようとすると力が必要なのと同じです」（支所長）。「神殿」が浮かび上がらないよう柱で押さえ付けているのだ。

プールを1秒で空にする排水ポンプ

放水路は豪雨のたびに水があふれ

近くの親子スポット ★キッコーマンもの知りしょうゆ館、庄和総合公園、道の駅 庄和、清水公園、イオンモール春日部（ショッピングセンター）

地下神殿を思わせる首都圏外郭放水路調圧水槽

る中川流域（埼玉県東部から東京の下町にかけて）を水害から守るために作られた。流域は江戸川、荒川などの大きな河川に囲まれた水のたまりやすい地形。「例えば春日部市は河口から40キロ離れていますが、海抜10メートル以下。河川は流れにくく街に水があふれると容易に引かない」（支所長）。

放水路は、中川など5つの河川で一定の水位を上回ると4つの立て坑から水を取り入れ、地下トンネルで運び、4基で25メートルプールを1秒で空にする能力を持つ排水ポンプで江戸川に排水する。「神殿」はポンプの手前で、急激な水圧の変化を調整するなどの役割を担う。

「神殿が水に浸かる豪雨は年7回程度。平時はテレビのロケなどにも使われています」（支所長）。「珍しいもの見たさで構いません。その上で治水に関心をもっていただければありがたいですね」と話した。

東京

ロボットや人工知能 惑星探査の分野で 研究成果を紹介

東京都・墨田区

千葉工業大学 東京スカイツリータウンキャンパス

所 東京都墨田区押上1-1-2 東京スカイツリータウン・ソラマチ8F
☎ 03-6658-5888
交 東武スカイツリーライン「とうきょうスカイツリー」駅 または各線「押上」駅から徒歩すぐ
P 有(有料)
¥ 無料
時 10:30 ～ 18:00 (12/29 ～ 1/1は11:00 ～ 17:00)
休 不定休

「大学でやっていることを知ってもらうとともに、体験してもらいながら学べるスペースにしよう、と開設しました」(館長)。テーマは、大きく分けてロボット、人工知能(AI)と惑星探査の3つ。同大学の3つの研究機関の成果を紹介している。

ロボットのコーナーでは、まず福島第一原発の事故後の調査にも投入されたレスキューロボット「櫻《さくら》壱《いち》號《ごう》」を展示。コンピューター画面を見ながら、シミュレーションでの操作を体験できる。関係者もこの装置で練習を重ねてから現場に臨んだという。「故障しても代替が効くよう、市販のゲーム機のコントローラーで操作できるところがミソです」(館長)。

8つの車輪を持ち、横への移動や段差乗り越えが可能な多目的乗用車「ハルケゲニア01」、その進化形で、ビークル(車両)、インセクト(虫)、アニマル(動物)の3モードであらゆる方向に移動できる「ハルクII」や100キログラムの重量を載せられる2足歩行ロボット「コア」など未来の乗り物も展示。コアは自然災害時に人を乗せて不整地の移動が可能だ。アニメ「マクロス」シリーズに登場した「バルキリーVF—25F」の実物大模型も。「アニメでは戦闘機が人間の形に変化しますが、現実の科学はもうそれに近いところまで来ているんですよ」(同)。

AIでは、30万枚の花の写真を学び、400種以上の花を分類できる「ハナノナ」が、実際に花を分類している様子を可視化した。

月探査機「かぐや」が撮影した画像の上でムーンウォークを楽しんだら、120インチ画面の太陽系グランドツアーへ。画面をタップすると惑星の自転・公転の様子、各惑星の特徴なども一目で分かる。

近くの親子スポット ★郵政博物館、東京こども区こどもの湯(ボールプール)、すみだ水族館、コニカミノルタプラネタリウム(すべてソラマチ内)

千葉

見つける喜びを発見できるぞ! 140の体験型展示

千葉県・千葉市

千葉市科学館

所 千葉県千葉市中央区中央4-5-1 Qiball 7F
☎ 043-308-0511
交 千葉都市モノレール「葭川公園」駅から徒歩5分、京成千葉線・千原線「千葉中央」駅から徒歩6分
P 有(有料)
¥ セット券（常設展示+プラネタリウム）大人820円(個別は各510円)、高校生490円(個別は各300円)、小・中学生160円(個別は各100円)
時 9:00 ～ 19:00（プラネタリウムは～ 20:00)
休 不定休

音と光のふしぎを探究

「開館と同時に来られて、閉館までおられる方も多いですよ」と、担当者が話すのもうなずける。

ワンダータウン、テクノタウン、ジオタウンと名付けられた各階の展示はほぼ全てが体験型で、その数は140に上る。「大人から子どもまで楽しめるよう展示を工夫しています」（館長）との言葉通り、「へーッ」と感じさせられる展示も多い。

ワンダータウンは音と光のふしぎを探究するコーナー。つかめそうに見えるのにつかめないサイコロ、反転しない鏡などの謎を解けるでしょうか。

テクノタウンは身の回りにある機械や製品の原理をわかりやすく解説する。乗用車の内部を丸見えにしたままエンジンをかけるスケルトンカーは、車の動く仕組みが一目瞭然だ。

展示の説明は最小限に

ジオタウンは宇宙や地球環境を探るコーナー。月の重力を擬似体験できるムーンウォーカーは一度は試したい。

ほかには、動体視力や聞き取りなどのテストができる「自分を探る」コーナーも。そのうちの反応力テストに挑戦した。画面の指示に従って両手でボタン、両足でペダルを操作する単純なものだが、「左手と右足」、「両手と左足」などの指示が次々に出てきてパニックに。結果260点。ちなみにこの日の最高得点は920点だった。

館長は「展示には最小限の説明しかしていません。『こうやればできるんだ』と、動かし方、楽しみ方などを含めて自分で発見してください。科学上の発見の喜びにも通じるものだと思っています」と話す。「見つける喜び」を発見できれば最大の収穫と言えそうだ。

近くの親子スポット ★加曽利貝塚(加曽利貝塚博物館)、千葉県立中央博物館、千葉市子ども交流館、亥鼻公園(猪鼻城跡)、青葉の森公園、千葉公園、千葉ポートパーク

神奈川

身近な科学原理から空・海・宇宙で活用の最先端技術まで体感

神奈川県・横浜市

三菱みなとみらい技術館

所 神奈川県横浜市西区みなとみらい3-3-1
☎ 045-200-7351
交 各線「桜木町」駅から徒歩8分
P 有（有料）
¥ 大人500円、中・高校生300円、小学生200円
時 10:00 ～ 16:30
休 火曜（祝日の場合は翌日）

国産ジェットMRJを操縦

「ダメだー」。初の国産ジェット旅客機として開発が進められているMRJの実物大の機首部分に設けられたシミュレーター。後ろに並ぶ子どもたちが見守る中、操縦かんを握っていた男性は着陸に失敗、苦笑いしながら操縦席を離れた。窓を模したスクリーンに機外の映像が流れる中、離陸から着陸まで約5分間の飛行を体験するものだが、「操縦の大変さを知ってもらうためにも、少し難しめに設定してあるんですよ」と館長が説明してくれた。

この展示のある航空宇宙ゾーンでは、H－ⅡAロケットに使われているエンジンを展示。燃焼試験に使われた実物だ。フロンティアシアターでは360度のスクリーンで宇宙ステーションに滞在している気分も味わえる。

実際に触って動かす展示

一方、海洋ゾーンではしんかいシアターで海の底深くをのぞいてみよう。マッコウクジラが2500㍍まで潜っているのが分かる。水深6500㍍までの探査を可能にし「世界の海の98％を探査できます」（館長）という潜水調査船「しんかい6500」も実物大で分解展示してあり、シミュレーター「SUPER SHINKAI」も人気だ。

風力発電のブレードの先端が展示されている環境・エネルギーゾーン、未来の路面電車を運転できる交通・輸送ゾーンなどに加えて、是非体験したいのが科学の原理が体験できるハンズ・オンコーナー。例えば、小学校の理科で習う定滑車と動滑車。

近くの親子スポット ★オービィ横浜、帆船日本丸・横浜みなと博物館、横浜ランドマークタワー（複合施設）、よこはまコスモワールド（遊園地）

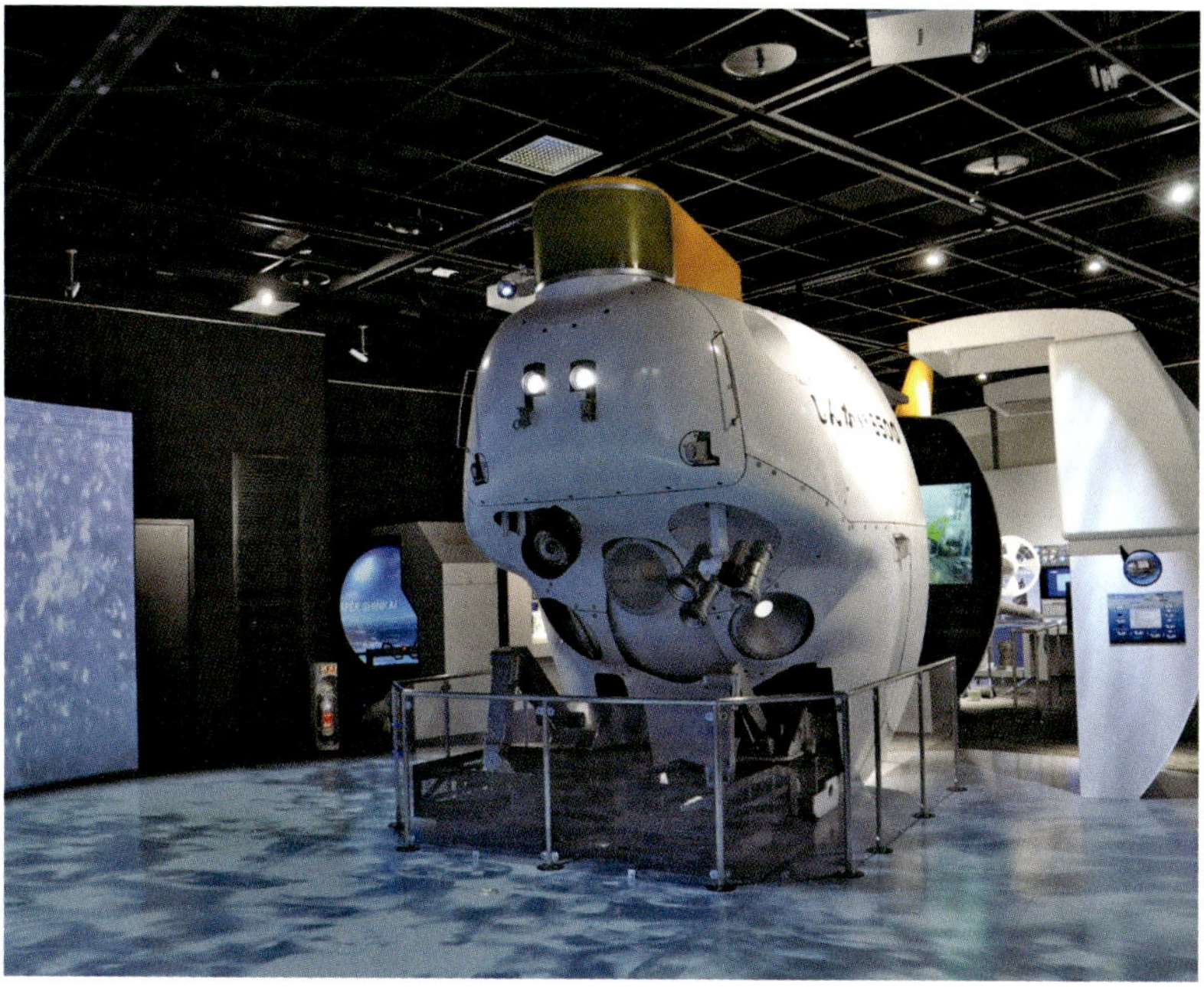

潜水調査船「しんかい6500」を実物大で分解展示（2点とも三菱みなとみらい技術館提供）

MRJの実物大模型の機首部分には操縦シミュレーターが設けられている

10キログラムの荷物を持ち上げるのに定滑車だけだとかなり重いが、動滑車を付け加えると軽くなり、3つの動滑車を付けると指先でつまんで持ち上げられる。忘れられない体験になりそうだ。

「いろんな展示を実際に触って動かして、科学技術を身近に感じてもらいたいですね。迫力もありますよ」と館長は話している。

東京

デジタル時代に新鮮! 自分で活字を拾って版を組む印刷体験

東京都・文京区

印刷博物館

所 東京都文京区水道1-3-3
☎ 03-5840-2300
交 東京メトロ有楽町線「江戸川橋」駅から徒歩8分、東京メトロ丸ノ内線・南北線「後楽園」駅から徒歩10分
P 有(有料)
¥ 大人300円、学生200円、中高生100円
時 10:00 〜 17:30
休 月曜(祝日の場合は翌日)

家康が作らせた銅活字

「かんじる」「みつける」「わかる」「つくる」の４つのキーワードで展開される印刷専門の体験型博物館だ。

展示はまず、印刷が存在しない時代のコミュニケーション方法の紹介から始まる。ラスコーの壁画、ロゼッタ・ストーン、ハムラビ法典など歴史の教科書でおなじみの史料の複製などに加え、甲骨文字やインカの結《けっ》縄《じょう》文字なども登場する。

平安から室町時代にかけ、世界でも印刷技術が進んでいた日本、韓国などのさまざまな印刷物に続いて登場するのが15世紀半ば、活版印刷技術を発明したグーテンベルクの聖書だ。それから１５０年余り後に、徳川家康が命じて作らせた駿河版銅活字（重要文化財）などの展示も。

「家康は駿河に隠居してから銅の活字を十一万本鋳造させました。文化の発展に大きな役割を果たしたと言えます」と学芸員は話す。

『学問のすすめ』の初版

解体新書ともとになったターヘルアナトミア（仏語版）の実物や福沢諭吉の『学問のすすめ』の初版も実物を展示。「初版はひらがなで『すゝめ』でした。ところが５００部しか刷れず、2版以降は木版で刷ったため、彫りやすいカタカナの「ス、メ」に変わっています」という。

明治期以降、現在のデジタル印刷に至るまで加速度的に進化する印刷技術の歴史を学んだら、最後は印刷工房「印刷の家」へ。

実際に活字を一本一本拾って版を組み、しおりやあいさつ状などを印刷できる（木〜日曜の午後３時、定

近くの親子スポット ★東京都水道歴史館、小石川後楽園、東京理科大学近代科学資料館、飯田橋釣ボート場

鉛の活字を拾って版を組む体験コーナーが人気だ

員6人)。

筆者の入社時には、新聞もまだこうした活字を拾って印刷していたのだが、パソコンで文書を作り、プリンターで印刷するのが当たり前の世代は新鮮なようで、「若い人に特に人気なんですよ」(学芸員)。「いろいろな体験を通じて、印刷をより身近に感じていただければ」と話している。

東京

紙が作られる工程 展示で見て知って 自分でも試そう!

東京都・北区

紙の博物館

所 東京都北区王子1-1-3（飛鳥山公園内）
☎ 03-3916-2320
交 都電荒川線「飛鳥山」駅から徒歩3分、JR京浜東北線「王子」駅から徒歩5分
P 「飛鳥山公園」に有（有料）
¥ 大人300円、小中高生100円
時 10:00 ～ 16:30
休 月曜（祝日の場合は翌日）、祝日の翌平日

製紙産業は文明開化の象徴

「紙の定義って分かりますか」

展示室入口でいきなり尋ねられて、答えに窮した。そこで学芸員が取り出したのが、円筒形のボトルだ。真ん中が網で仕切られており、下には水に浸かった繊維が入っている。ボトルを逆さにすると、水は網を通り越して下に落ちるが、繊維は網の上に溜まる。「この繊維のシートをしぼって乾かしたものが紙なんです」

鉄道唱歌の第4集に「見よや王子の製紙場…」と歌われているように王子周辺には製紙と関連産業の工場が明治初めから林立、洋紙発祥の地とされる。「文明開化の一つの象徴でもありました」（学芸員）。その地に多くの紙関連会社の支援で運営されているのがこの博物館だ。

「A４判」はどうやって決まった？世界最古の印刷物も

1階では紙の原料や製造工程、製品などを展示。「木材が原料に使われるようになったのは比較的新しく、それまではボロ布が主原料でした」（学芸員）。「現在、選挙の投票用紙は実は紙ではなく『合成紙』（ポリプロピレン）なんですよ」とも。

日ごろ何げなく使っているA4判、B5判などの大きさは「縦横の比率1対ルート2の長方形の面積が、1平方㍍なのがA0判、1・5平方㍍なのがB0判。その半分の大きさがA1、B1になります」。知っているようで知らなかった話が盛りだくさんだ。

紙の歴史コーナーでは、年代のわかる世界最古の印刷物「陀羅尼」と、

近くの親子スポット ★お札ときっての博物館、飛鳥山公園、名主の滝公園、音無親水公園

木材をすりつぶしてパルプを作るポケットグラインダー。
大正時代から昭和の中ごろまで使われていた

それが納められた「百万塔」が目玉だ。江戸時代の離縁状の展示もあり、本当に3行半（三下り半）だった。

クイズなどで子どもたちが学べる展示も多く、毎週土日には人気の「紙すき教室」を開催。牛乳パックを再生した原料からオリジナルのハガキを作れるからぜひ参加してみたい。家庭で作れる手作りハガキ製作キットも販売されている。

東京

体験型展示で薬の作用や開発過程を楽しく学べる！

東京都・中央区

Daiichi Sankyo くすりミュージアム

所 東京都中央区日本橋本町3-5-1
☎ 03-6225-1133
交 JR総武快速線「新日本橋」駅から徒歩1分、東京メトロ半蔵門線・銀座線「三越前」駅から徒歩２分
P 無
¥ 無料
時 10:00 ～ 17:30
休 月曜（祝日の場合は翌日）

「このあたりは江戸時代から薬種問屋が多く、いまでも多くの製薬会社があるんですよ。そんな街に薬を正しく知ってもらいたいと生まれたミュージアムです」（広報担当者）。薬の研究開発や使用法、効き方などが、見て、聞いて、触って理解できる体験型展示が特徴だ。

利用者はまず2階の受付でメダルを受け取る。各コーナーでこのメダルを操作してクイズに答えたり、ゲームをしたりしながら学べる仕組みだ。

「まずここに置いてください」。2階の「からだとくすり」のコーナーでメダルを置くと、自分の画像がスクリーンに映し出されて気恥ずかしい。ようやくその画像が消えると画面では、人間の身体が60兆もの細胞でできていることや、細胞に含まれる染色体やDNAなどの説明がなされていく。

薬の動きが見える人体模型

扉を開けて次のコーナーに移ると、正面に透明な人体模型が置かれている。錠剤、座剤、吸入剤など、種類別に、身体の中で薬がどう動いていくのか見ることができる。腸で吸収された薬の成分は血管で体中に送られ、最後は腎臓を通って尿などとして排出される。

どうしてインフルエンザにかかるのか、薬の「種《たね》」を見つけるにはどうするのかなど、薬や病気にまつわるあれこれが、楽しみながら理解できるよう工夫された展示が続く。

ぜひ見ておきたいのが使用法を紹介しているコーナーだ。1日3回、1回1錠などの用法、用量を守らなければならないわけなどが、体内で

近くの親子スポット ★三井記念美術館、コレド室町（ショッピングセンター）

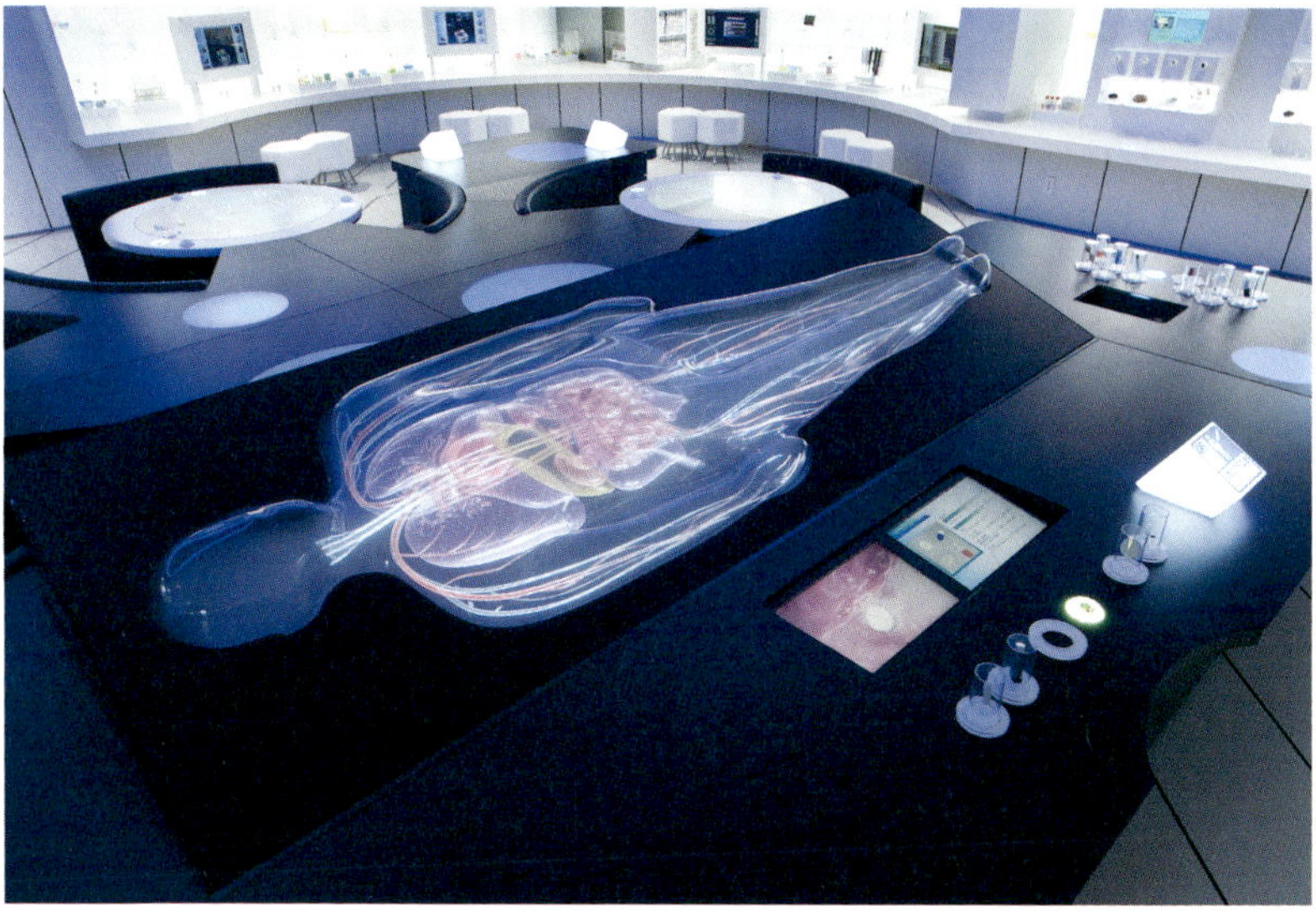

巨大な人体模型で薬の吸収から排泄までがわかる(上)
対戦型ゲームをしながら、薬の作用の仕方が学べる(下)

(2点ともDaiichi Sankyoくすりミュージアム提供)

の薬の血中濃度のグラフを使って丁寧に説明されている。薬は水と一緒に飲むのがベストだとの説明も。そのわけはミュージアムで探してみよう。

「身近にありながら、意外と知らない薬のことが、楽しみながら分かります。ぜひどうぞ」(担当者)。

東京

画像の色塗りから アフレコや効果音入れ アニメ制作に挑戦

東京都・杉並区

杉並アニメーションミュージアム

所 東京都杉並区上荻3-29-5 杉並会館3F
☎ 03-3396-1510
交 東京メトロ丸ノ内線・JR中央線「荻窪」駅から関東バスで「荻窪警察署前」下車、徒歩2分。 西武新宿線「上井草」駅から西武バスで「荻窪警察前」下車、徒歩5分
P 無
¥ 無料
時 10:00 ～ 17:30
休 月曜（祝日の場合は翌日）

大人の視聴に耐える作品

1917（大正6）年、日本初の国産アニメ「芋助猪狩の巻」（下川凹天監督）が上映されて1世紀が過ぎた。さらに1963（昭和38）年、初の30分ものテレビシリーズとして「鉄腕アトム」が放映されると、日本のアニメは世界に例をみない独特の進化を始め、今日では世界中の子どもたちの人気を集める先端産業となった。ミュージアムではこうした日本のアニメの歴史を紹介する。

「当初、アニメはある程度の年齢になると『卒業』するものでした。それが1970年代終わりから80年ごろを境に、卒業する人と、大人になっても見続ける人と2通りに分かれたようです」。ミュージアムの運営担当者は話す。「大人の視聴に耐える作品が多く生まれて来たのがこの頃です」といい、一例として「機動戦士ガンダム」などの名を挙げた。

来館者の1割は海外から

さらに、動かない絵を連続して見せることで成り立っているアニメの原理を理解できるゾートロープなどの展示や、アニメができるまでを解説した映像も。声優の仕事に挑戦できるアフレコ（アフターレコーディング）や効果音を入れるコーナーは必ずやってみたい。コンピューターを使って色塗りなどアニメのデジタル制作が体験できるデジタルワークショップも。アニメシアターではクラシックとも呼べるアニメを上映しているし、アニメライブラリーでは思い出のアニメが視聴できそうだ。

来館者の1割は海外から訪れるという。「以前はアニメが自国制作だ

近くの親子スポット ★桃井原っぱ公園、善福寺公園、東京荻窪天然温泉

監督の机を再現しアニメができるまでを分かりやすく解説（2点とも杉並アニメーションミュージアム提供）

声優の仕事に挑戦できるアフレコ体験コーナー

と思っていた外国人も多かったようです。ネットで情報が行き渡るようになって日本製だということも知れ渡ってきました。いまや世代ばかりか言語、国境をも越える存在になりました。ぜひ一度来館してみてください」（運営担当者）。「アニメ制作には絵を描く人だけではなく、いろいろな才能を持つ人が必要です。アニメを作ることに興味を持ってもらえれば嬉しいですね」と続けた。

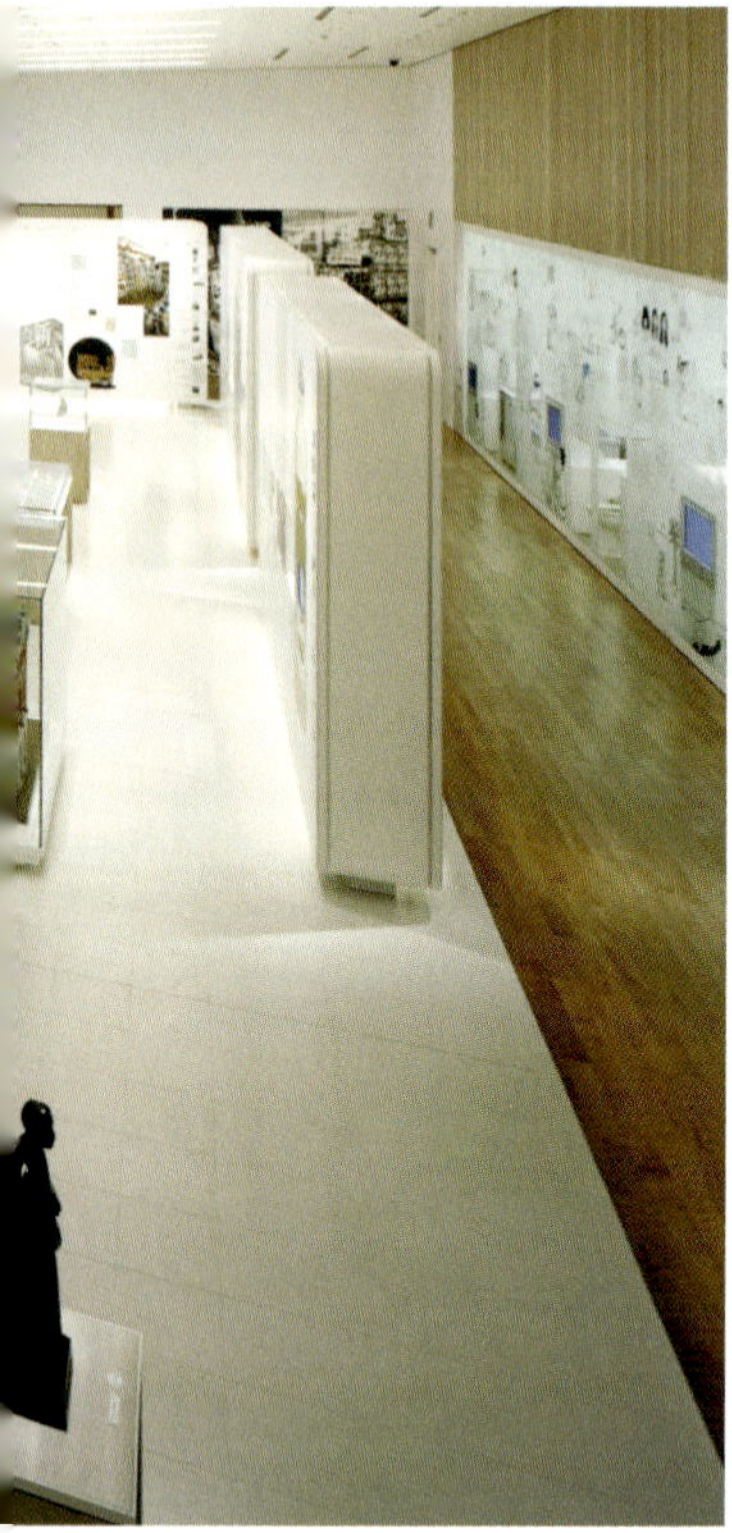

東京

肌や髪の状態を知り 日ごろのケアの 大切さを実感

東京都・墨田区

花王ミュージアム

所 東京都墨田区文花2-1-3
☎ 03-5630-9000
交 東武亀戸線「小村井」駅から徒歩8分、JR総武線「亀戸」駅から徒歩15分
P 無
¥ 無料（予約制）
時 10:00、14:00（見学時間は90分）
休 土・日曜、祝日

肌の状態を測定するセンサーを頬に押し当てると、くっきりとした三角の模様がモニターに浮き上がった。健康な肌だとの診断だ。

「若い肌ですね」。案内担当の女性から告げられた生徒らから安堵の声が漏れた。

北海道から修学旅行で訪れた中学3年生の見学ツアーに同行し、自分の肌も測定してみると、月の表面のようなデコボコした画像が。「紫外線でかなり傷んでいますね」と担当者。「そう思っていましたから」と負け惜しみが口をついた。

このほか髪の太さを測る装置や、アンケートに答えると髪密度指数を判定してくれるコーナーなど、おっかなびっくり試したくなる展示が盛りだくさんだ。「髪の太さは男性は10代が最盛期なのに、女性は30代から40代なんですよ」と担当者。ホルモンの影響なのか。ちなみに日本人の平均は0・08ミリ程度だが、欧米

近くの親子スポット ★東京スカイツリー、亀戸中央公園、オリナス錦糸町（複合施設）

1890年に「花王石鹸」を発売してからの花王の歩みを知る「花王の歴史ゾーン」(花王ミュージアム提供)

人は0・05ミリほどと細いようだ。

製造ラインを見学

おむつなどに使われる吸水性ポリマーが水を吸って固まる実験などを見学した後、清浄の文化史をたどるゾーンでは、発酵させた尿を洗剤として使っていたと知ってびっくり。花王の歴史ゾーンには創業の原点となる「花王石鹸」や懐かしい昔のポスターなども並ぶ。

約1時間半の見学を終えた生徒からは「日ごろのケアが大切だと改めて実感した。洗顔方法など参考にしたい」。引率の先生は「よく知っていると思っている企業でも、多面的に様々な製品を作り、知らなかった部分が多いことを理解できたと思う。こうした経験を将来の職業選びなどにも活かしてほしいですね」と話した。

神奈川

インスタントラーメンの歴史を楽しく学んで世界の麺も味わおう！

神奈川県・横浜市

カップヌードルミュージアム 横浜

所 神奈川県横浜市中区新港2-3-4
☎ 045-345-0918
交 みなとみらい線「みなとみらい」駅または「馬車道」駅から徒歩8分、各線「桜木町」駅から徒歩12分
P 有（有料）
¥ 大人500円、高校生以下無料
時 10:00 〜 17:00
休 火曜（祝日の場合は翌日）

麺づくりから体験

正式名称は「安藤百福発明記念館」。世界初のインスタントラーメンを発明した、日清食品創業者・安藤百福（1910〜2007）の功績を伝えるミュージアムだが、娯楽性にもあふれ、年間100万人以上が訪れる人気施設となっている。

小麦粉をこねるところから手づくりできる「チキンラーメンファクトリー」は予約制。意外に簡単な上、身近な素材でつくれることに驚く親子も多かったが、製麺機の扱いもすぐにマスター。子どもたちがたくましく見える。

自分だけのオリジナルカップヌードルがつくれる「マイカップヌードルファクトリー」は予約不要（要整理券）。3歳〜小学生の子どもが利用できる「カップヌードルパーク」は、自分が麺となり製麺から出荷までを体感できるアスレチック施設。思いっきり遊びながら学べる。疲れたら、世界8カ国の麺料理を味わえるコーナーでおなかを満たそう。しかし、真骨頂は展示部分にあり。今では世界中で年間1000億食が消費されるインスタントラーメンも、誕生した場所は木造の研究小屋。使われたのはありふれた調理道具。

木造の研究小屋から出発

「特別な設備や道具がなくても、世界的な発明を成し遂げられる。発明・発見の楽しさを知ってもらいたいですね」（日清食品広報担当者）

再現された研究小屋や、CGアニメなどでわかりやすく展示。創造的思考を養うヒントがつかめるはずだ。

近くの親子スポット ★オービィ横浜、三菱みなとみらい科学技術館、帆船日本丸・横浜みなと博物館、横浜ランドマークタワー（複合施設）、よこはまコスモワールド（遊園地）

小麦粉から「チキンラーメン」の手づくり体験ができる

インスタントラーメンの歴史をパッケージの展示で表現

（3点ともカップヌードルミュージアム 横浜提供）

カップヌードルミュージアムの外観

千葉

オレンジ色に輝く 1200度の鉄の 迫力に息を飲む

千葉県・君津市

新日鐵住金君津製鐵所

所 千葉県木更津市築地1番1
☎ 0439-50-2571
交 各線「東京」駅から東京湾アクアライン高速バスで「君津製鐵所」下車、徒歩すぐ
P 有(無料)
¥ 無料(予約制)
時 9:30、13:15 (見学時間は2時間)
休 水～日曜、祝日

スピードも予想以上

「来たぞ」「うわ、熱《あつ》」。子どもたちのテンションが一気に上がった。

約1000万平方メートル、東京ドーム220個分の広さを誇る製鉄所の主力工場の一つ、厚板工場。「送られてきたのは銑鉄《せんてつ》に成分調整を施したスラブです。温度は1200度です」。同製鉄所広報センターの担当者が説明している間にも、20メートルほど離れた見学用の通路まで、熱気に包まれる。

最大30センチの厚みを持つスラブ(最大幅4・5メートル、長さ最大20メートル)は水をかけられながら何度もプレスされる。1分ほどの工程で、製品によって4ミリから20センチの厚さに延ばされる。オレンジ色に光っていたスラブは、次第に赤みを帯びた色に変わっていく。切断工程へと送られていく際には温度は600度まで下がっているという。

この日は山梨県内の小学校5～6年生5人が修学旅行で訪れていた。その中の一人は「迫力があった。熱さは聞いていた通りだったけど、鉄が延ばされていくスピードが予想以上だった」と興奮ぎみだ。

ビデオで鉄の歴史や実態

見学は約2時間。まずビデオで鉄の特徴や、鉄鉱石とコークスから鉄ができるまでの工程、日本の製鉄業の実態などを学ぶ。

その後プラスチックのリサイクル施設を見学し、移動のバスから銑鉄が溶鉱炉から出てくる様子などを見た後、厚板工場など主力工場の一つを見学する。

引率の校長先生は「修学旅行では

近くの親子スポット ★富津海水浴場、大貫中央海水浴場、富津公園キャンプ場、マザー牧場、イオンモール木更津(ショッピングセンター)

高温のスラブに「熱い」と思わず顔をおおう児童も（新日鐵住金君津製鐵所提供）

必ず見学させてもらっています。社会で産業の勉強をするんですが、子どもたちは体で感じるのが一番。きょうの熱さは忘れることがないでしょう」と話した。

千葉

製造工程を見学 もろみの色や香りの変化を実体験

千葉県・野田市

キッコーマン もの知りしょうゆ館

所 千葉県野田市野田110
☎ 04-7123-5136
交 東武アーバンパークライン「野田市」駅から徒歩3分
P 有(無料)
¥ 無料(案内付見学は要予約)
時 9:00、10:00、11:00、13:00、14:00、15:00（見学時間は60分）
休 毎月第4月曜(祝日の場合は翌日)

江戸中期に製法が確立

「ホント、違うよ」。発酵中のもろみと熟成したそれをかぎ分けた小学3年生らが口々に感想を述べ合っている。

江戸時代に大量生産が始まり、中期には製法が確立。現代でも基本的にはその製法を受け継いでいるというキッコーマン野田工場のもの知りしょうゆ館を訪ねた。

見学者はまず約15分のビデオでしょうゆの製造工程に学び、案内係の説明を受けながら、約45分間、工場の様子を見学する。コースの随所に理解を助ける映像のほか、熟成中のもろみや、しょうゆ粕などが展示してある。同じもろみでも、発酵中のものと熟成したものの香りや色の違いを実体験できる。

熟成したもろみは袋に入れられ約20時間かけてしぼられる。残ったしょうゆ粕は家畜のエサなどに使われるがそのにおいもかぐことができる。「話を聞いてはいたけど、強烈だった」。体験した児童は印象に残った様子だ。

しょうゆの味比べも

「製造過程の説明は3年生には難しくないですか」。この日の案内担当者に聞いてみると「前もって説明を受けて実際に見学されると、分かっていただけるようです」という。

見学後には館内の「まめカフェ」で、しょうゆをつけてせんべいを焼いたり（２５０円）、しょうゆの味比べもできる。

同社の広報担当者によると「工場見学と食育。ともに関心が高く、土日は家族連れも多い。来館者は年間約13万人に上る」のだそうだ。

近くの親子スポット ★首都圏外郭放水路、ミュージアムパーク茨城県自然博物館、ノア・森の遊園地、野田市郷土博物館、清水公園

埼玉

ホンモノを触って映像制作の現場を体験・実感できる

埼玉県・川口市

SKIPシティ映像ミュージアム

所 埼玉県川口市上青木3-12-63
☎ 048-265-2500
交 JR京浜東北線「川口」駅から国際興業バスで「川口市立高校」下車、徒歩5分
P 有(有料)
¥ 大人510円、小・中学生250円
時 9:30 〜 16:30
休 月曜(祝日の場合は翌日)

効果音やカメラワーク

フイルム映画は1秒間に24コマの静止画を連続して映すことで、画面が動いているように見える。試しに1秒6コマや12コマで映す…。

パラパラ漫画や回転のぞき絵体験から始まるこのコーナーで、映像の原理などが分かったら、実際の映画作りを学ぼう。

雨の音、波の音などの効果音を出してみたり、レール上に設置されたカメラマン席に座って、カメラワークを工夫したり。シミュレーターのような車の運転席に座ると、自分がドライブしているような合成映像が映し出される。人気アニメ「忍たま乱太郎」のアフレコ体験も。

「身近にありながら詳しくは知らなかった世界に触れてください。装置を自分で動かして、いろいろ工夫できるのが展示の特徴です」。ミュージアムのある彩の国ビジュアルプラザの広報担当者の説明通り、ほとんどの展示はホンモノを触って体験できる。

アナウンサーに挑戦

映像制作コーナーの人気はアナウンサー体験(土日祝日11時〜12時半、14時〜15時半)とお天気キャスター体験(随時)だ。とりわけお天気キャスターは、ただ青い背景があるだけのスペースに立って、モニターに映し出される映像に合わせて動きながらお天気情報を伝えなければならないから、結構難しいことが分かる。体験した映像はDVD(有料)に録画して持ち帰ることができるのも魅力だ。

「VIDEO BOX」では、自分で背景や音楽を選んでビデオメッセージが制作でき、できあがった動画はメールで受け取ることができる。

近くの親子スポット ★川口市立科学館・サイエンスワールド、イオンモール川口前川(ショッピングセンター)、蕨市民公園

埼玉

グリコのお菓子の製造ラインから歴代のおまけ玩具まで

埼玉県・北本市

グリコピア・イースト

所 埼玉県北本市中丸9-55
☎ 048-593-8811
交 JR高崎線「北本」駅からけんちゃんバスで「グリコ工場前」下車、徒歩3分
P 有（無料）
¥ 無料（予約制）
時 9:30、11:00、12:30、14:00（見学時間は70分）
休 金曜

復元された自動販売機

グリコキャラメルの自動販売機が1931（昭和6）年には登場していたのをご存じですか？　当時の名称は「発声映写装置つきグリコ自動販売機」。

「発声映写装置」って？　10銭白銅貨を入れると、約20秒間、市川右太衛門主演の映画「旗本退屈男」が音声付きで上映され、2銭のお釣りが出てくるのだ。

「当時、グリコは10銭でしたから、店で買うより安く、映画も見られました。6人続けて買うと映画が最後まで見られたので、友だちと並んで買う光景も見られたようです」。ライブラリーゾーンに復元展示されている自販機を前にアテンダントが説明してくれた。

見学ツアーには、平日というのに約50人が参加した。まずグリコ誕生の元になった牡蠣の貝殻をイメージしたホールで創業者江﨑利一の物語を学び、グループに分かれて各コーナーへ。

ポッキー手づくり体験

1日5万5000箱を製造するプリッツや7万箱のポッキーの製造ラインでは、生地が圧延、うどん状にカットされ、焼成、包装までの全工程を見学できる。「プリッツは切断せず、切れ目を入れただけで焼き上げます。焼かれて生地が縮むと自然に切れて、食べやすい長さになります」という。

ミュージアムゾーンでは、昔からのグリコのおもちゃ、約1500点を展示。戦時中の紙や粘土から戦後のセルロイド、プラスチックの登場、

近くの親子スポット ★吉見百穴、学校給食歴史館、北本市立児童館、北本自然観察公園、埼玉県自然学習センター（公園）

画面に映画が流れたグリコの自動販売機

プリッツの製造ラインを見学する参加者

最近の木のおもちゃやペーパークラフトなど時代とともに移り変わってきた様子がわかる。

最後にはクイズにチャレンジしよう。７問で成績を競い、優秀者は記念品がもらえるから、見学中の説明は聞き漏らさないように。

「オリジナルのジャイアントデコポッキー手づくり体験（５００円）もあります。ぜひどうぞ」と広報部の担当者は話した。

群馬

明治時代の黎明期から 最新テクノロジーまで 小麦や小麦粉の専門館

群馬県・館林市

製粉ミュージアム

所 群馬県館林市栄町6-1
☎ 0276-71-2000
交 東武伊勢崎線「館林」駅西口すぐ
P 近隣に指定駐車場有
¥ 大人200円、小中学生100円
時 10:00 ～ 16:00
休 月曜（祝日の場合は翌日）

本館は建築賞を受賞

「通常、パンは強力粉《きょうりき》で作ります。では薄力粉で作るとどうなりますか?」。そんな疑問に答えてくれる、小麦や小麦粉専門のミュージアムだ。

日清製粉（旧社名は館林製粉）が国内有数の小麦産地だった館林市で創業したのが1900（明治33）年。その10年後に移築され1970年ごろまで事務所として使われていた洋風の木造建築に耐震、免震補強を行い、本館として同社の歩みを紹介している。建物自体も近代産業遺産といえ、建築界で由緒のあるBELCA賞（ベストリフォーム部門）も受賞している。

一方、創業110年を記念して建設された新館では、最新の製粉技術を体感できる。製粉ラボ教室で登場するのが、「ロール君」と「シフターさん」だ。

ロール君は小麦を粉砕するローラーミルのミニチュア。回転数が異なる2つのロールの間で、小麦が砕かれる様子を、自分でロールを回しながら観察できる。

砕かれた小麦は篩《ふる》い分け器のシフターさんに。ここでは小麦色をした原料が、真っ白い小麦粉とふすまに篩い分けられる。

「実際はこの過程を何度も繰り返して、純度の高い小麦粉を作りますが、原理はこの2つで分かっていただけると思います」。広報部の担当者は話す。「製粉ラボ教室」は第1、第3日曜日の13時、15時に開催。

フードづくりや見学ツアーも

一方、第2、第4日曜には小麦粉粘土を使ってミニチュアフードを作

近くの親子スポット ★館林市つつじが岡公園、東武トレジャーガーデン（庭園）、野鳥の森自然公園 、向井千秋記念子ども科学館、多々良沼公園

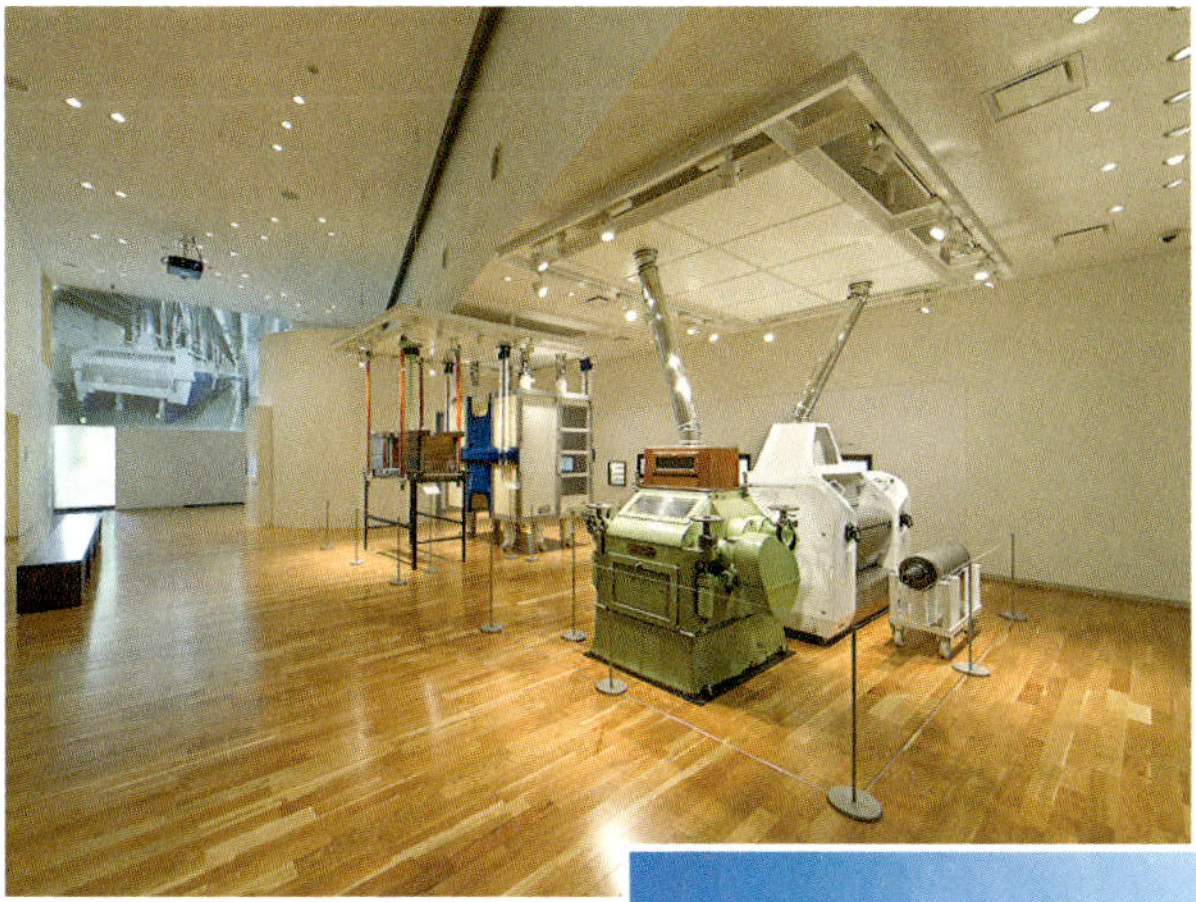

（2点とも製粉ミュージアム提供）

最新技術や小麦の文化史をテーマとした新館（上）。企業文化を感じる本館と緑豊かな日本庭園（右）

る教室も。そのほか、クッキーづくりを体験できる教室を開催しており、詳しくは同ミュージアムホームページで確認を。

ところで、冒頭の質問の答えはお分かりですか？　強力粉と薄力粉は含んでいるグルテンと呼ばれるタンパク質の量で区別され、「グルテンの少ない薄力粉では生地が膨らまず、ボソボソした食感のパンができてしまう」のだそうだ。

栃木

「おもちゃのまち」で玩具の歴史や種類が概観できる

栃木県・壬生町

おもちゃのまち バンダイミュージアム／壬生町おもちゃ博物館

〈おもちゃのまちバンダイミュージアム〉所 栃木県壬生町おもちゃのまち3-6-20 ☎0282-86-2310 交 東武宇都宮線「おもちゃのまち」駅から徒歩10分 P 有 ¥ 大人1000円・中学生以下600円 時 10:00～16:00 休 年中無休
〈壬生町おもちゃ博物館〉所 栃木県壬生町国谷2300 ☎0282-86-7111 交 東武宇都宮線「おもちゃのまち」駅からタクシーで5分 P 有 ¥ 大人600円・中学生以下300円 時 9:30～16:30（8月は～17:00）休 月曜日

高度成長期、輸出の増加に伴い、東京の下町にあった多くのおもちゃ工場が生産拡大のため拠点を壬生町に移し、関連企業も合わせて150が集まり、おもちゃのまちが誕生、東武線の駅名にもなった。しかし1990年代以降、玩具生産拠点のほとんどは海外へ移転していった。このため、往時の歴史を伝えようと誕生したのが2つのミュージアムだ。

おもちゃのまち バンダイミュージアム

エントランスホールでは、高さ5・6メートル、原寸大のガンダムの胸像が出迎えてくれた。日本と欧州のおもちゃを中心に3万5000点を所蔵する。

「海外移転が行われた後、クリエーティブな部門の移転も進み、残された施設を地域の活性化に生かせないかと誕生しました」。館長が説明してくれた。

所蔵品は「日本」「西洋アンティーク」「ホビー（ガンダム）」と「エジソンの発明品」の4つのテーマに分かれて展示されている。

「日本」では平安時代の貝合わせから現代の超合金ロボットまで7000点を展示。「仮面ライダー」「たまごっち」「プリキュア」など各世代の思い出の品がところ狭しと並ぶ。

「ホビー」にある「ZAKUの夢」は9体のザク（ガンダムに登場する人型の有人機動兵器）と1体のガンダムから成る。生みの親である富野由悠季監督がこの展示場所で製作した。ガンダムファンには見逃せない。

これらとひと味違うのが「エジソ

近くの親子スポット ★とちぎわんぱく公園

バンダイミュージアム
エントランスホールの原寸大ガンダム胸像

壬生町おもちゃ博物館
『からだあそびぞーん』では幼児も思い切り遊べる

ンの発明品」だ。蓄音機、電球、映写機のほか蓄電池、電話などエジソンが実用化させた品々の実物が並ぶ。米国のコレクターから譲り受けたもので、「ソケットなどはエジソン時代のものがそのまま現代に生き残っています。本物の発明品に触れることで、モノ作りの素晴らしさを感じていただければ」と館長は話す。

壬生町おもちゃ博物館

1995年に開館。エントランスでは映画「ヤッターマン」の実写版で使われたヤッターワンの実物（高さ5・5メートル）がお出迎えしてくれる。国内外のおもちゃ約6万点を所蔵、常時9000点を展示する。

1階の「からだあそびぞーん」では大型遊具「きんぐとくぃーん」や夏場は水遊びができる水深35センチのプールなどで思い切り体を動かして遊べる。

2階の「てんじ・たいけんぞーん」は、懐かしいブリキのおもちゃやキャラクター玩具などを展示。視聴覚障がい者も一緒に遊べる日本ではじめての「共遊玩具」も常設展示してある。

3階の「あそびてんぼうぞーん」からは日光連山を一望できる。

鉄道マニアには見逃せないのが、別館の2階、鉄道模型の部屋。Nゲージだけでなく、線路幅16・5ミリのHOゲージも、自分で持ち込んだ車両を走らせることができる。もちろん車両のレンタルも（ともに有料、詳細はホームページで）。「館内の遊び場は低学年の子ども向けが多いのですが、ここだけは大人の方のほうが熱中されていますね」と、同館トイコンサルタントが解説してくれた。

世界で1体しかないオリジナルリカちゃんを作ることができるコーナー（有料）もあり、こちらもファンには見逃せないところだ。

栃木

宇宙食製造にならった厳しい衛生管理のもとつくられる人気商品

栃木県・小山市

森永製菓小山工場

所 栃木県小山市大字出井1523-1 ☎ 0285-25-4540 交 北関東自動車道「宇都宮上三川」ICから約18km P 有（無料） ¥ 無料（予約制） 時 10:00、13:30（見学時間は90分） 休 土・日曜、祝日

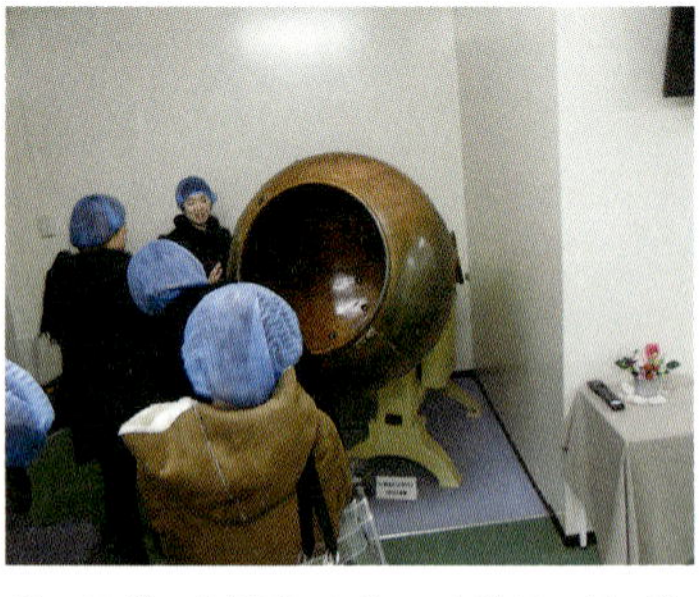

チョコボールにチョコレートをコーティングする時に使うレボルパン。直径は1㍍ほどある

工場入口では高さ3・2㍍もあるチョコボールのキャラクター「キョロちゃん」が出迎えてくれた。

人気商品のエンゼルパイ、チョコボール、ミルクキャラメルなどの製造工場である小山工場の見学ツアーに同行した。

まずビデオでエンゼルマークの由来などの説明を受け、工場へ向かうと、イチゴの甘い香りが漂ってきた。「ビスケットを焼いた香ばしい匂いの時もあれば、季節によって抹茶やクリの香りがすることも」（案内担当者）。

見学者は後ろ髪まですっぽり覆われる帽子をかぶり、洋服の肩部分を中心にローラーでほこりなどを取った後、スリッパに履き替え、両手をアルコール消毒する。さらにエアーシャワーでもう一度ほこりを落としてようやく工場内に入れる。

「工場内で見学者の方と従業員がすれ違うこともありますので、ご協力をお願いしています」（同）。宇宙食製造のシステムにならった森永HACCPと呼ばれる基準を満たすためで、子どもたちには、お菓子が厳しい衛生管理のもとで作られていることが実感できそうだ。

ライン見学では焼いたピーナッツをレボルパンという大きな釜に入れ、チョコレートをかけてチョコボールに仕上げる過程や、運ばれてきた頭大もあるキャラメルの塊が細長い紐《ひも》状に加工されて流れる様子などをガラス越しに見ることができる。

通路脇には年配者には懐かしいポスターや初期のころの「おもちゃの缶詰」展示も。季節限定商品などの説明があった時には、「買いたーい」との声が、参加者からいっせいにあがった。

近くの親子スポット ★天平の丘公園、城山公園、おやまゆうえんハーヴェストウォーク（ショッピングセンター）、小山総合公園、筑波山

茨城

製造ラインを見学し牛乳や乳製品について楽しみながら学ぼう！

茨城県・守谷市

明治なるほどファクトリー守谷

所 茨城県守谷市野木崎3456
☎ 0297-20-6041
交 常磐自動車道「谷和原」ICから約6km
P 有(無料)
¥ 無料(予約制)
時 10:00、13:30、15:00（見学時間は60分）
休 日曜、祝日

等身大の牛の模型で乳しぼりを体験

1998年に設立された守谷工場は、一日200万個のヨーグルト製品を生産する主力工場の一つだ。10万平方メートルを超える敷地面積の工場に勤務するのは190人。「交代制ですのでラインを動かしている人は常時40人程度だと思います」と見学施設長が説明してくれた。可能な限り人の出入りを抑えることで、衛生管理をしやすくしている。

その工場を、千葉県内から訪れた保健推進員の女性グループに同行させてもらって見学した。

まずシアタールームで100グラムのヨーグルトに10億個以上の乳酸菌が含まれていることなどを学んだら、見学通路へ。

カップ入りヨーグルトができるまで

「ブルガリアヨーグルトの製造ラインが2つあります」とアテンダントの説明を受けながら進むと、白いシートをカットする工程が見えてきた。

「小分け製品は、カップの成型からヨーグルトの充塡、上ぶたのシールまで一つの機械で行っています」という。「容器まで自社の衛生管理の下で作っているんですね」。見学グループの一人も驚いた様子だ。詳しい製造工程などは、モニター画面でイメージキャラクターの「ヨーグリー」が説明してくれる。

最後は食育ルーム。骨の材料が牛乳、小魚、海藻などに多く含まれるカルシウムで、日光にあたって体内にビタミンDを作ると吸収がよくなることまで学んだら、入口脇にある等身大の牛の模型でぜひ搾乳体験をして帰ろう。

近くの親子スポット ★アサヒビール茨城工場、イオンタウン守谷(ショッピングセンター)、あすなろの里キャンプ場、柏の葉公園

東京

シミュレーターで運転手気分を味わう実物車両の迫力も

東京都・江戸川区

地下鉄博物館

所 東京都江戸川区東葛西六丁目3番1号
☎ 03-3878-5011
交 東京メトロ東西線「葛西」駅から徒歩すぐ
P 有（無料）
¥ 大人210円、4歳～中学生100円
時 10:00 ～ 16:30
休 月曜（祝日の場合は翌日）

日本初の地下鉄1001号車も

入り口の「改札」で入館券の切符を改札鋏で切ってもらい入館。「当時の風情を楽しんでもらおうと土日祝日にやっているんですよ」（担当者）。

さらに進むとその迫力に圧倒される。赤色の丸ノ内線301号車と、黄色の日本最初の地下鉄1001号車の2両が並ぶ。1927（昭和2）年に開業した東洋初の地下鉄1001号車は当時の上野駅ホームを模した場所に停車。開業以来約40年間活躍した車内には、往時の服装姿の人形が。

担当者は「当時のホーム越しに車内を見ることができます。なお1001号車は地下鉄車両としては初めて、2017年に国の重要文化財に指定されました」という。

シールドは分解し運び込み

館内には地下を掘削する際に使用された18トンものシールドも展示されているが、担当者は「展示する際、あまりの重さと大きさに20ピースに分離して運び込み、館内で組み立てた。展示場所の補強工事もしたんです」という。

ほかに、揺れまで体験できる千代田線のシミュレーターをはじめ、銀座線、有楽町線、東西線の3種の簡易シミュレーターが体験できる。

担当者は「見て、触れて、動かしてを基本コンセプトに体験できるミュージアム。身近に地下鉄を感じられるように展示しています」と話す。

近くの親子スポット ★葛西臨海公園、富士公園、総合レクリエーション公園

展示されている丸の内線301号車と日本初の地下鉄1001号車

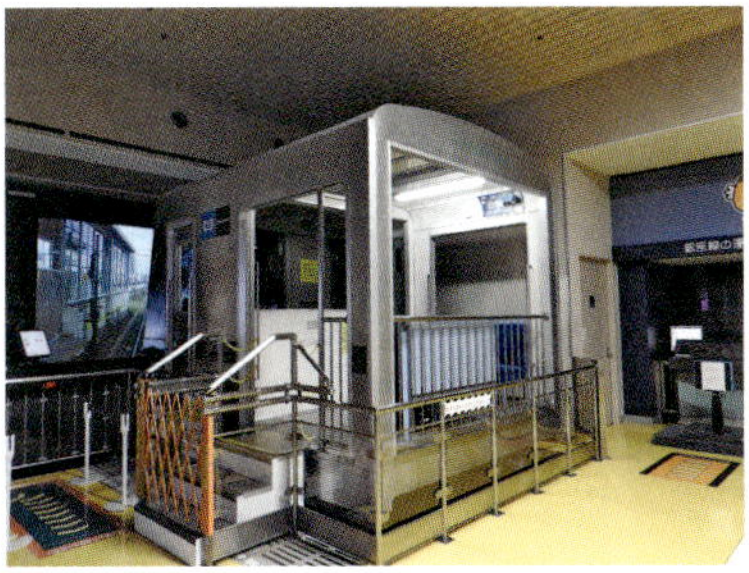

揺れまで体験できる千代田線シミュレーター

銀座線·有楽町線·東西線の運転をシミュレーターで体験できる
(3点とも地下鉄博物館提供)

東京

機体整備の様子を間近に見ながら航空機を学ぶ

東京都・大田区

JAL工場見学 SKY MUSEUM

所 東京都大田区羽田空港3-5-1
☎ 03-5460-3755
交 東京モノレール「新整備場」駅から徒歩2分
P 無
¥ 無料
時 10:00、11:30、13:00、14:30、16:00(1日5回開催／展示エリア＋航空教室＋格納庫見学)
休 無休(年末年始を除く)

日本航空が羽田の機体整備工場で行っているのがJAL工場見学~SKY MUSEUM~だ。

見学者はまず3階の展示エリアで約30分間、「航空教室」で航空機について学ぶ。解説してくれるのは整備士や客室乗務員などを務めたOB、OGだ。

空港の概要からはじまり機体の重さや力、飛行機が飛ぶ原理、胴体が丸い理由など、児童への質問を交えながら飽きさせないトークが続く。

「きょうは小学生でしたので、とにかく『飛行機は空気の流れを利用して飛んでいる』ことを分かってもらいたかった」(担当者)。中学生、高校生など、年代に応じて専門的な要素も加えていく。

「航空教室」が終わると、展示エリアで客室乗務員などの制服を着て記念撮影、休憩をはさんで格納庫へ。機体整備の様子を間近に見ながら、詳しい説明を受ける。目の前に国内線滑走路もあり、この日は次々に下りてくる飛行機を遠くから識別する方法を教わり、1時間半程度のツアーを終えた。

展示エリアも楽しい

広大な整備工場を体験

(2点とも日本航空提供)

近くの親子スポット ★羽田空港(東京国際空港)

東京

幾多の試練をくぐり抜けた初代南極観測船

東京都・品川区

船の科学館

所 東京都品川区東八潮3-1 ☎ 03-5500-1111 交 ゆりかもめ「船の科学館」駅から徒歩1分、りんかい線「東京テレポート」駅から徒歩12分 P 有(無料) ¥ 無料 時 10:00 ～ 17:00 休 月曜(祝日の場合は翌日)

南極観測船当時の姿に再現されている「宗谷」(船の科学館提供)

南極観測に同行した樺太犬タロ、ジロとともに、南極観測船「宗谷」の名を知る人は多い。ただこの船が当初、ソ連（当時）からの発注により建造された貨物船であることはほとんど知られていない。

「1938（昭和13）年に進水し、ボロチャエベツと名前も決まっていました。カムチャツカ半島の港を母港にする予定の耐氷型貨物船でした」。企画広報係の担当者が説明してくれた。「ただ艤装に手間取っている間に、内外の情勢が変化、引き渡しは中止され、『地領丸』と名前を変えて、貨物船として運航を開始。その後40年に海軍の特務艦となり、『宗谷』と名付けられたんです」

『宗谷』はその後、船乗りの間で奇跡の船と呼ばれるようになる。米潜水艦の雷撃を受けたが不発だったり、停泊していた艦隊がほぼ全滅したトラック島大空襲でも座礁しただけで沈没を免れたりした。

戦後は引き揚げ船、灯台補給船として活躍した後、初代の観測船として白羽の矢が立った。「耐氷型だったことに加え、奇跡の船と呼ばれた強運も考慮されたのではないでしょうか」（担当者）。南極観測には6度、出向いている。

現在は、観測船当時の船長室や士官居住区などが再現され、中にはネコを抱いた乗組員の姿も。「観測船にはオスの三毛猫も同乗していました。第1次観測隊の永田武隊長と同じ『たけし』という名前を付けられ、隊長に怒られた隊員らはこのネコに『こらっ、たけし』と怒鳴ってうさを晴らしたと聞きます」（同）。

旧海軍所属の船で現在も浮かんでいるのはこの宗谷だけになった。担当者は「幾多の試練をくぐり抜けて来た歴史の証人です。子どもたちにはこの船を見て、祖父母の世代の頑張りに思いを馳せ、未来を見据えて欲しいですね」と話した。

近くの親子スポット ★東京税関情報ひろば、日本科学未来館（博物館）、お台場海浜公園、東京レジャーランド、アクアシティお台場（複合商業施設）、パレットタウン（複合商業施設）

神奈川

1万1500人の実習生を育てた船上の教育現場

東京都・横浜市

帆船日本丸・横浜みなと博物館

所 神奈川県横浜市西区みなとみらい2-1-1
☎ 045-221-0280
交 みなとみらい線「みなとみらい」駅、「馬車道」駅から徒歩5分、各線「桜木町」駅から徒歩5分
P 無
¥ 共通券(日本丸と博物館)大人600円、小中高生300円、65歳以上400円、単館券 大人400円、小中高生200円、65歳以上250円
時 10:00 ～ 16:30
休 月曜(祝日の場合は翌日)

船乗りのための洋上の学校

「帆船を練習船として運用しているのはほとんど海軍なんです。商船教育の練習船として活用している国はあまりないんですよ」。帆船日本丸記念財団指導課の担当者は話す。「厳しい自然の中で育成し、集団生活で協調性や責任感を身につける。海軍も含めて船員教育に帆船が活用された理由です」という。

1930(昭和5)年に建造された日本丸も、1984(昭和59)年に退役するまで太平洋の荒波の中で延べ183万㌔(地球約45周)を航海した。54年間に育てた実習生は1万1500人に上る。日本人の外洋航路の船長の多くがこの船で鍛えられたという。

ぜひ見たい総帆展帆

現在は船内の居住区や甲板上などを見学できるが、ぜひ見たいのが29枚の帆を全て張る「総帆展帆」だ。年12回ほど行われる。また、停泊中お祝い事の時などに祝意を表すため、船首からマストの頂点を通って船尾まで、国際信号旗で飾る「満船飾」も年12回ほど行われ、総帆展帆と満船飾が同時に行われる日もある。

「総帆展帆は登録ボランティアの方約100人が1時間ほどかけて手作業で帆を張ります。『太平洋の白鳥』と呼ばれた美しい姿が蘇ります」と担当者。「ボランティアは3日間の訓練を受け、46㍍のマストの最高部まで上ることが必要です」という。応募などはホームページを参照していただきたい。

「総帆展帆はほんとにかっこいいですよ。海洋国家なのに船に詳しい

近くの親子スポット ★オービィ横浜、三菱みなとみらい科学技術館、カップヌードルミュージアム横浜、よこはまコスモワールド(遊園地)

甲板上や船内を見学できる帆船日本丸

舵《かじ》を操る舵輪
（2点とも帆船日本丸･横浜みなと博物館提供）

子どもたちが減っている。これを見て一人でも多く『船乗りになりたい』と思ってもらえると嬉しいですね」と担当者は話している。

日本丸ではロープ結びやカッター漕ぎなどの海洋教室も開催する。事前予約制で通常は団体対象だが夏休みなどは個人参加も可能。博物館は大型客船の模型などを含め、横浜港の歴史を展示しており、夏休みには自由研究も実施する。

詳細はホームページで。

千葉

YS-11など 実物19機を展示 飛行機の操縦体験も

千葉県・芝山町

航空科学博物館

所 千葉県山武郡芝山町岩山111-3
☎ 0479-78-0557
交 成田空港から成田空港交通バスで「航空科学博物館」下車、徒歩すぐ
P 有（無料）
¥ 大人500円、中高生300円、小人（4歳以上）200円
時 10:00 ～ 16:30
休 月曜（祝日の場合は翌日）
（注・平成31年にリニューアルを予定）

「飛行機は成田空港まで飛ばして持ってきて解体します。両翼や尾翼などを取り除いて胴体だけ陸送するんです。途中、道路の上を走っている電線を持ち上げるなどの工事が必要だったこともあります」

敷地内にある飛行機、ヘリコプターを展示するためにかかる大変な手間について、学芸員が説明してくれた。

展示機は、戦後初の国産機として活躍したYS－11の試作1号機をはじめとする国内外の飛行機、ヘリコプター19機。YS－11は機内に入れるほか、プロペラが回るヘリや飛行機への体験搭乗もできる。「機体に触れるのが特徴です。劣化が早くなる側面もありますが、親しみを持ってもらうためにできるだけ触れられるようにしています」（学芸員）

大人気の操作体験にチャレンジ！

屋内展示の目玉は操作体験だ。

近くの親子スポット ★成田国際空港、成田山新勝寺、成田ゆめ牧場、運動の森自然公園、蓮沼海浜公園

戦後初の国産機YS-11の機内には当時の飛行実験装置が残されている（航空科学博物館提供）

ボーイング747-400型の8分の1模型が、コックピットからの操縦で動かせる。インストラクターに促されて機長席に座ってみた。

行き先を新千歳空港に設定して出発。計器をみながら時速160キロを超えたところで操縦かんを手前に引き離陸。途中、右旋回、左旋回などを試みながら、最後は着陸後の逆噴射まで。わずか3分間だが結構楽しい。「土日は開館と同時に整理券がなくなることも」（同）という人気ぶりもうなずける。

DC-8やYS-11の胴体断面の展示では頑丈そうに見える飛行機がわずか1～2ミリのアルミ合金だと知らされて心細くなったりもする。

「お勧めは5階展望台なんです。特に北風の日には成田への着陸機が目の前を次々に飛んで行きます。リピーターの方も多いですよ」と学芸員は目を細めた。

埼玉

実物車両36両が並ぶ日本最大級の鉄道博物館

埼玉県・さいたま市

鉄道博物館

所 埼玉県さいたま市大宮区大成町3-47
☎ 048-651-0088
交 ニューシャトル「鉄道博物館(大成)」駅から徒歩1分
P 有(有料)
¥ 大人1000円、小中高生500円、幼児(3歳以上)200円('18年7月5日からは大人1300円、小中高生600円、幼児300円)
時 10:00 ～ 17:30
休 火曜

東京ドーム並みの広さ

鉄道をテーマとした博物館の中で日本最大級の規模を誇る。２００７（平成19）年の鉄道開業の日の10月14日にオープンした。鉄道の歴史と技術、仕組みを分かりやすく紹介し、根強い人気を誇っている。

東京都文京区の東京ドームとほぼ同じ広さの敷地に、実物展示車両36両、日本最大の鉄道模型ジオラマ、D51シミュレーターなど魅力的な設備がずらりと並ぶ。中でも明治初期から現代までの鉄道技術やシステムの変遷・歴史をテーマごとに紹介する車両ステーションは人気スポットの一つ。

歴代のSLが威容を誇る

国重要文化財で鉄道開業の際に新橋－横浜間を運行した1号蒸気機関車をはじめ、１８８０（明治13）年に北海道を走った「弁慶号」や１８８３年に上野－熊谷間で開業した際に投入された「善光号」、そして転車台に載って1日2回、1周する国鉄最後の「C57形式蒸気機関車」も威容を誇る。

「体験しながら鉄道の仕組みや歴史が学べる博物館なんです」と話すのは同館営業部課長。「当初は鉄道ファンの方が多かったが、今は30代のお母さんと子どもが主流。子どもが楽しめる施設の証左です」と胸を張る。

確かにC57が汽笛を鳴らして回ると、入場者からは「オー」という声が上がり、一周するまでにその雄姿が堪能できる。これは必見だ。

近くの親子スポット ★大宮盆栽美術館、造幣局さいたま支局、三橋総合公園、大宮公園、コクーンシティ(ショッピングセンター)

車両の大きさを実感できる実物車両の展示

（2点とも鉄道博物館提供）

広大な敷地に設けられた鉄道博物館の外観

埼玉

国産初の軍用機シミュレーターで操縦体験してみよう

埼玉県・所沢市

所沢航空発祥記念館

所 埼玉県所沢市並木1-13（所沢航空記念公園内）☎04-2996-2225 交 西武新宿線「航空公園」駅から徒歩8分 P 有（有料）¥ 共通割引券大人820円、小中学生310円（展示館・大型映像館）時 9:30～16:30 休 月曜（祝日の場合は翌日）

ヘリや小型機を中心に多くの機体が展示されている

重要航空遺産を紹介

記念館に入ると天井からつり下げられた複葉機が目に飛び込んでくる。1911（明治44）年に作られた国産初の軍用機「会式1号機」のレプリカだ。

「所沢には同年、国内最初の飛行場が作られており、フランス製アンリ・ファルマンによる初の飛行が行われました。さらに会式1号機をはじめ、初期の飛行機の製作、パイロットの訓練はすべてここで行われました」と学芸員が説明してくれた。「太平洋戦争中も陸軍の整備士の学校が置かれており、日本の航空技術の発展に多大な貢献を果たしてきた場所なんです」という。

それを記念して建設された記念館には、昭和初期の91式戦闘機の胴体をはじめ、小型機やヘリを中心に18機（屋外含む）が展示されている。とりわけ91式は「胴体を金属で作り始めたころのもので、世界にもほとんど残っていません」（同）という貴重なものだ。展示機の中には機内に入り操縦席に座れるものもある。

惑星の重力の違いを体感

フライトシミュレーターではセスナと会式1号機の操縦が体験できる。「操縦かんの操作は結構難しいですよ」（同）。

太陽系の惑星の重力の違いが体験できるスペースウォーカーも人気だ。月や火星、木星でジャンプするとどうなるか、試してみよう。

親子でチャレンジする工作教室も随時開催されゴム動力飛行機や紙飛行機を作る。当日受け付けの定員制で材料費が必要（300～400円程度）。作った飛行機は記念館前の公園で飛ばせる。楽しみながら飛行機が飛ぶ原理を学ぶいい機会といえそうだ。

（写真は所沢航空発祥記念館提供）

近くの親子スポット ★所沢航空記念公園、西武園ゆうえんち、都立狭山公園、さいたま緑の森博物館

群馬

1日講習と試験の後 本物の電気機関車を体験運転できる!

群馬県・安中市

碓氷峠鉄道文化むら

所 群馬県安中市松井田町横川407-16 ☎ 027-380-4163 交 JR信越本線「横川」駅から徒歩すぐ P 有（無料） ¥ 大人500円、小学生300円 時 9:00～16:30（11～2月は16:00まで） 休 火曜（祝日の場合は翌日）

初期型と呼ばれるD51の96番の展示も

難所で活躍したEF63形

信越線は1893（明治26）年、アプト式を導入した難所の横川―軽井沢駅間の開通で全面開通した。同駅間は線路の間にギザギザの歯が設置され、機関車に取り付けられた歯車をかみ合わせて急勾配を上った。70年後、これに代わって登場したのが108トンの重量を持つEF63形電気機関車だ。1963（昭和38）年に導入され、長野新幹線の開通で同区間が廃線となる1997年まで活躍した。

「このEF63形の本物を運転体験できるんですよ」と担当者。毎月第3土曜日午前10時から午後4時半までの一日講習（学科、実技。受講料3万円、要予約）を受け、筆記試験に合格すれば、翌日から運転可能（30分、5000円）だ。「運転の予約は混んでいますが、講習翌日は新合格者の枠があります」（同）。

ジオラマやシミュレーターも

園内には線路が走り、機関車だけでも14両が展示されている。「線路は廃線となった信越本線のものです。機関車は電化されたアプト式のED42形1号機をはじめ、EF63、DD51などの1号機が展示されています。D51蒸気機関車は車体番号が96番の初期型と呼ばれるものでもうほとんどみられません」という。

鉄道資料館には歴史資料の展示をはじめ、碓氷峠のジオラマやHO模型約100両も展示されている。土日祝日には、特注のSLがけん引し園の外周を一周する「あぷとくん」など鉄道ファン垂涎の催しも。さらには日曜を中心に高崎―横川駅間をSLが走ることもある。（詳細はJR東日本高崎支社のホームページで）

「楽しみながらアプト式、廃線など変遷をたどった碓氷峠の鉄道の歴史も学んでほしいですね」（同）。

近くの親子スポット ★軽井沢、碓氷関所跡（史跡）、丸山変電所跡（史跡）、八風平キャンプ場

東京

小笠原の固有種やカカオの木など800種以上を育成

東京都・江東区

夢の島熱帯植物館

所 東京都江東区夢の島2-1-2
☎ 03-3522-0281
交 各線「新木場」駅から徒歩13分
P 有（有料）
¥ 大人250円、小学生100円、65歳以上120円
時 9:30 ～ 16:00
休 月曜（祝日の場合は翌日）

植物園が競う育て方

冬に訪れると、暖かい館内の一角で2本の木に15センチ大の実が鈴なりに成っていた。

「カカオの木です。うちのカカオは日本でも一番実が成るんです。2本の木で２００個ぐらい成りますよ」。館長が誇らしげだ。

全国各地の熱帯植物園が、植物の育て方に苦労し、競い合っていることはあまり知られていない。「うちのカカオを視察に来られたりもしますが、なぜ実が多く成るのか、確実なところは分からないんです。逆にうちのマンゴーは鉢植えには実が成るのに地植えのものは実をつけてくれません」（館長）。

日照や温度、湿度、土の成分など様々な要因で、東南アジアなどでは道端にある果物が、日本では実をつけない。特にドリアンは国内ではほとんど実が大きくなる前に落ちてしまうそうだ。

最適の生育環境を求めて試行錯誤しながら管理されている植物は８００種以上。中でも小笠原の固有種がそろっているところが自慢だ。空中から地面に根を伸ばすタコノキは、幹が折れてもそこからまた根が伸びるため、歩く木とも呼ばれる。

冷暖房は余熱を利用

「熱帯植物も、四季折々に咲く花は違います。それぞれの季節にご来館いただければ」と話す館長だが、「実はもう一つ、ぜひ学んで帰ってほしいものがあるんです」という。館内の熱量をすべて賄っている余熱利用システムだ。

近くにある新江東清掃工場でつく

近くの親子スポット ★第五福竜丸展示館、東京夢の島マリーナ手ぶらBBQステーション、葛西臨海公園

熱帯ジャングルを再現したような館内

冬でも暖かい室内では熱帯植物が大きく成長

（2点とも夢の島熱帯植物館提供）

られるゴミの熱焼却による高温水を500メートルも鉄管で運び、熱交換器で館内の別のパイプを流れる水を70度に温め、暖房に使っている。ばかりか吸収式冷凍機で高温水のエネルギーを取り出すことで冷風を送るのにも使われているそうだ。

東京

高級住宅街近くに残る武蔵野の自然 東京ドーム4個分以上

東京都・港区

国立科学博物館附属自然教育園

所 東京都港区白金台5-21-5 ☎ 03-3441-7176 交 東京メトロ南北線・都営三田線「白金台」駅から徒歩7分、JR山手線・東急目黒線「目黒」駅から徒歩9分 P 無 ¥ 310円(高校生以下は無料) 時 9:00～16:00 休 月曜(祝日の場合は翌日)、祝日の翌日の平日

手つかずに近い自然が残る自然教育園

高級住宅街として知られる東京・白金近くに、東京ドーム４個分以上の手つかずに近い自然が残っている。

中世は豪族の所領で、江戸時代は増上寺の管理を経て高松藩主の下屋敷になり、明治以降は軍の火薬庫などがあった。

「中世以降、１９４９(昭和24)年に国立自然教育園として公開されるまで、一般の人はほとんど足を踏み入れたことがなかったんです。このため関東平野部、武蔵野の自然がそのまま残りました」。国立科学博物館の担当者は話す。

園内の植物は約１０８０種、昆虫は２１００種以上。飛来する鳥も約１３０種。樹齢１００年を超え、高さ25㍍近くになる老マツやコナラなどがそこかしこに、当たり前のように生えている。飛ぶ宝石と呼ばれるカワセミも繁殖しているようだ。

「路傍植物園や水生植物園などでは、除草や高い木を切るなどして野草や低木を保護していますが、それ以外はほとんど手をかけていません。植物の群落は放っておくと長い年月のうちに常緑樹主体のうっそうとした森になります」「本園も常緑樹が多いのですが、古い常緑樹が倒れて、陰になっていた地面に日の光が当たるようになると、数十年も地中で眠っていた種子が目覚めて下草などが一気に地上に出てきます。そんなドラマが展開しているんです」(担当者)

例えば春、4月上旬ならカタクリ、ニリンソウ、ヤマブキなどの花が見られ、モンシロチョウ、ルリシジミが飛んでいるだろう。秋10月初めならワレモコウ、シラヤマギクなどが咲き、アキアカネの姿が。

「春にこられたらぜひ夏、秋、冬にもおいでください。それぞれに違う顔があります。冬は花こそ少ないですが、葉を落とした木の間に鳥が観察しやすくなっていますよ」(同)

(写真は国立科学博物館提供)

近くの親子スポット ★東京都庭園美術館、自転車文化センター(博物館)、久米美術館、松岡美術館、恵比寿ガーデンプレイス

東京

南極と北極の両方から ライブ映像が流れ 雪上車の実物も展示

東京都・立川市

国立極地研究所 南極・北極科学館

所 東京都立川市緑町10-3
☎ 042-512-0910
交 多摩モノレール「高松」駅から徒歩10分
P 有(無料)
¥ 無料
時 10:00～16:30
休 日・月曜、祝日

昭和基地からのライブ映像に見入る親子ら。この日は観測隊員が活動する様子もみられた

触れられる南極の氷や隕石

南極、北極がいまどうなっているのか、どんな活動が行われているのか知ってほしいと国立極地研究所がオープンした。

「実物があって触れる。映像も充実、がウリなんですよ」と同研究所広報室の担当者は話す。

「触れる実物」の目玉は、南極点に到達した雪上車だ。マイナス60度、高度4000㍍に耐えながら5カ月かけて5200㌔を走破した。その間、4人の男性が暮らせる居住性も備えていた。

基地から運ばれた南極の氷や南極で採取された隕石にも触ることができるし、観測隊員が着ている防寒服などを試着して記念撮影も。

人気のオーロラシアター

「映像」の目玉の一つは昭和基地から24時間、送られてくるライブ画像だ。4棟でトイレもなかった基地は現在、60棟を超す建物が並び、世界有数の科学基地に。タイミングが合えば作業する隊員の姿が見られることも。北極圏のスバールバル諸島にある観測基地からの映像も流れる。「南極と北極、両方のライブが観られるのは世界でここだけです」(担当者)という。

人気のオーロラシアターでは、直径4㍍の全天ドームスクリーンに、研究用のオリジナルデータを使ったオーロラの映像を上映する。珍しい南極のオーロラが見られるかも。

「さまざまな実物に触れながら、環境に思いを馳せてもらえれば嬉しいですね」と担当者。「子どもたちには、観測隊員になる夢を持ってもらえれば」とも付け加えた。

近くの親子スポット ★昭和記念公園、立川防災館(体験施設)、ららぽーと立川立飛(ショッピングセンター)、シネマシティ(映画館)

神奈川

隕石や化石に触れて感じる多様な地球の生命

神奈川県・小田原市

神奈川県立 生命の星・地球博物館

所 神奈川県小田原市入生田499
☎ 0465-21-1515
交 箱根登山鉄道「入生田」駅から徒歩3分
P 有（無料）
¥ 大人520円、大学生300円、高校生・65歳以上100円
時 9:00～16:00
休 月曜（祝日の場合は翌日）、祝日の翌日の平日

常時1万点を展示

見学に訪れた小学生の団体から、どよめきが起こった。「すげーっ」。館の入り口で子どもなど一呑みにしそうな大口を開けて待ち受けるのが約8500万年前の魚、クシファクチヌス・アウダクスの化石だ。「このエントランスはかなり気にいっているんですよ」。企画普及課の職員が自慢するのもうなずける。

「10000の仲間がお待ちかね」が館のキャッチフレーズだ。「地球を考える」と「生命を考える」の2つのゾーンを中心に、常時1万点程度、可能な限り露出展示する。「触って構わないものは触ってもらう。手触りも記憶にとどめてもらいたいんです」と同課の担当者は狙いを話す。

重さ2・5トン、日本で展示されているものとしては最大級のマンドラビラ隕石や、アンモナイト100個以上が並ぶ地層の壁、高さ70メートルにもなる巨木を支えていた板根などが、ケースに入れられずに展示されている。

お約束の恐竜は全身骨格4体のほか豊富。骨格標本の下をくぐると改めてその大きさが実感できる。

宇宙船地球号がコンセプト

ほ乳類のはく製も充実している。ライオンとキリン、オオカミなどが並んでいると大きさの比較も簡単だ。「ただはく製には触れないで。多くの人が触れたカピバラやオオアリクイは鼻が黒くなっちゃいましたね」と担当者は苦笑する。

高い天井からはクジラの骨格なども宙づりにされ、フロア全体が神奈川の自然史を紹介する3階から見下ろせる。「見学の最後には展示を一望して、館のコンセプトである宇宙船地球号に思いを馳せてくださいね」。担当者の一押しスポットだ。

近くの親子スポット ★箱根北原おもちゃミュージアム、フォレスト アドベンチャー箱根（アウトドアパーク）、小田原城址公園、鈴廣かまぼこ博物館

神奈川

世界最高水準の映像とセガのエンタメ技術が調和した自然体験

神奈川県・横浜市

オービィ横浜

所 神奈川県横浜市西区みなとみらい3-5-1 MARK IS みなとみらい 5F
☎ 045-319-6543
交 みなとみらい線「みなとみらい」駅直結、各線「桜木町」駅から徒歩 8分
P 有（有料）
¥ 大人800円、中高生500円、小学生・60歳以上300円
時 9:00～20:00（金～日・祝・祝前日は～21:00）
休 不定休

大迫力の日本最大級スクリーン

横横浜市西区のオービィ横浜。目の前に広がるのは幅40メートル、高さ8メートルの大きさを誇る日本最大級の大型スクリーン「シアター23・4」（340人収容）で、現在、上映されているのは「ザ・ミーアキャット」と「はらペコペンギン・マックス」。

「ザ・ミーアキャット」の舞台はアフリカ南部にあるカラハリ砂漠。そこで暮らす、あるミーアキャットの家族にスポットをあてた。撮影しているカラハリ・リサーチ・プロジェクトは、イギリスのケンブリッジ大学の教授によって1993年から動物の生態研究を20年以上続けている。「ミーアキャットの家族が移動しても居場所がわかるように追跡装置のついた首輪をつけて、その一挙一動が15人程度のボランティアによって調査されているのです」（担当者）。

実物のアルマジロに触れられる「アニマルガーデン」も

こうした映像による自然体験に加え、2018年4月のリニューアルオープンでは、実物と触れあえるコーナーが2つ新設された。

一つは「探求」をテーマに、カピバラやアルマジロなどの珍しい動物が動き回る中を回遊できる「アニマルガーデン」で、カピバラなどには実際に触れることもできる。映像で見たミーアキャットの実物もいるぞ！

もう一つはアメリカンショートヘア、ロシアンブルーなど12種類、20匹の猫と触れあえる「キャットパラダイス」。こちらは「癒やし」がテーマになっており、担当者は「両コーナーとも、小さなお子さまが安心して小動物と仲良しになれるんですよ」と笑顔で話した。

近くの親子スポット　★三菱みなとみらい技術館、オービィ横浜、カップヌードルミュージアム横浜、よこはまコスモワールド（遊園地）

埼玉

地元出土の標本を見て触れてたどる埼玉3億年の旅

埼玉県・長瀞町

埼玉県立自然の博物館

所 埼玉県秩父郡長瀞町長瀞1417-1
☎ 0494-66-0404
交 秩父鉄道「上長瀞」駅から徒歩5分
P 有（無料）
¥ 大人200円、高大学生100円
時 9:00 ～ 16:00（7・8月は～ 16:30）
休 月曜（祝日の場合は開館）

最も古い自然史博物館の一つ

博物館手前にある大きな碑には「日本地質学発祥の地」とあった。明治時代初め、東大に招かれていたドイツ人のナウマン教授らが調査に訪れたのをきっかけに、多くの地質学者が秩父地方を訪れ研究したという。都心からのアクセスがよく、研究対象となる地層の露出が多かったためだ。そして現在、秩父地域1市4町は、国内で43地域ある日本ジオパークの一つに認定されている。

ジオパークの情報発信の役割も担う博物館の歴史も古い。「秩父鉄道が1921（大正10）年に設立した秩父鑛物《こうぶつ》植物標本陳列所の伝統と資料を受け継いでいます。日本で最も古い自然史博物館の一つです」と担当者が話す。

生息していた巨大ザメ

「埼玉3億年の旅」をコンセプトにする展示品は、地元産の標本が中心だ。

入口でお出迎えするのは、巨大ザメ「カルカロドン・メガロドン」。12㍍の全身復元模型と1・8㍍のアゴの標本だ。これらは、同県深谷市で出土した73本の歯の化石を元に復元された。「昔は、この地方が海だったことを物語っています」（学芸員）。

北太平洋沿岸全域に住んでいたカバに似たほ乳類「パレオパラドキシア」は、全身骨格化石が世界で数体しか見つかっていないが、そのうちの2体を展示している。

館外も含めて展示されている各種の岩石標本に加え、生物展示でははく製に触れるのも特徴だ。ゴワゴワしたイノシシとふさふさしたタヌキ

近くの親子スポット ★長瀞ラインくだり、アウトドアセンター長瀞（キャンプ場）、宝登山ロープウェイ、鉢形城歴史館

カバに似たパレオパラドキシアは泳ぐ姿、歩く姿など3体の復元標本が展示されている

を触り比べてみよう。

「博物館の近くには『岩畳』など自然の中で学べるところも豊富です。『ラインくだり』なども楽しいですよ」と担当者は話している。

千葉

ナウマンゾウやクジラの骨格が語る房総の自然と人間

千葉県・千葉市

千葉県立中央博物館

- 所 千葉県千葉市中央区青葉町955-2
- ☎ 043-265-3111
- 交 千葉駅から京成バスで「中央博物館」下車、徒歩7分
- P 有(有料)
- ¥ 大人300円、高大学生150円
- 時 9:00 ～ 16:00
- 休 月曜(祝日の場合は翌日)

突出する貝塚の数や規模

沖合で黒潮と親潮のぶつかる房総半島は、縄文時代から自然の幸に恵まれた豊饒の地域だった。発見されている貝塚の数、規模が世界最大級に突出しているのがその証拠だ。博物館では「房総の自然と人間」をテーマに、自然誌、歴史、自然と人間のかかわりなどを紹介する。

「日本列島の中で、比較的新しい時代まで海の中にあったのが房総半島の一部なんですよ」。最初に訪れた「房総の地学」の展示室で、主任上席研究員が説明してくれた。このため君津市の山の中から約70万年前のザトウクジラの化石が発見されたりしている。成田市で見つかった頭骨などを基に復元されたナウマンゾウの骨格も目を引く。「生物の分類」コーナーの房総沖に生息する6種類のクジラの骨格標本も、ここならではの展示だ。

隣接地に県内の植生を再現

房総の歴史や自然との関わりのコーナーでは、とりわけ海を抜きに語れないこの地域の文化や人々の暮らしを紹介する。4000年前のイルカ漁のジオラマは館山市で見つかったイルカの骨や鹿の角でできた銛《もり》をもとに再現されている。

展示を一回りしたら、体験コーナーで動物のはく製で手触りを確かめ、縄文土器の復元にも挑戦したい。時間内に完成しないとバラバラと崩れ落ちるから頑張ろう。

博物館のもう一つの特徴は、隣接する6・6㌶の生態園だ。千葉県内の植生を再現し、敷地内の舟田池には多くの野鳥が集まる。子どもたちは毎月1回(詳細はホームページで)行われる「森の調査隊」に参加してみよう。「館内の展示で見た動植物を実際に探してみてくださいね」と担当者は話している。

近くの親子スポット ★加曽利貝塚(加曽利貝塚博物館)、千葉市科学館、青葉の森公園、千葉市立郷土博物館

群馬

迫力に子どもが思わず後ずさり!? 恐竜の復元展示

群馬県・富岡市

群馬県立自然史博物館

- 所 群馬県富岡市上黒岩1674-1
- ☎ 0274-60-1200
- 交 上信電鉄「上州富岡」駅からタクシーで10分
- P 有（無料）
- ¥ 大人510円、高大学生300円（※企画展開催中は特別料金）
- 時 9:30 ～ 16:30
- 休 月曜（祝日の場合は翌日）

「群馬県は関東地方で唯一、恐竜の化石が見つかっている県なんです」。何体もの恐竜の復元模型が並んだ展示スペースで学芸員が説明してくれた。

1980年代からこれまでに同県神流町《かんな》で4種類の恐竜の化石が見つかっている。その実物やレプリカの展示をはじめ、12㍍にもなる高さでは世界最高のブラキオサウルス（タンザニア）、カマラサウルス（北米）、マメンキサウルス（中国）と3つの大陸にまたがる恐竜の復元展示も珍しい。さらに、真に迫ったティラノサウルスの実物大ロボットには「小さい子どもが後ずさりしてしまうことも」（学芸員）。

実物化石で再現された恐竜発掘現場も。米サウスダコタ州のトリケラトプスの発掘現場で、古生物学のフィールドワークへの理解を深めてくれそうだ。

館内は「地球の時代」「群馬の自然と環境」「ダーウィンの部屋」「自然界におけるヒト」「かけがえのない地球」の順に5つのテーマで展示される。ホンモノの鉄隕石（ナミビア産）に触れ、群馬県がその昔、海だったことを示す古代ザメの化石や、江戸時代にオオツノジカの化石を鑑定した文書など幅広い展示を見た後は、ダーウィンの部屋でロボット博士チャーリーによる、ダーウィンの功績の説明に耳を傾けよう。

「地球の時代」は午前10時、午後1時半、午後3時、「群馬の自然と環境」はそれぞれその30分後、さらに終了後には「ダーウィンの部屋」など、3テーマについてまとめて定時解説が行われる。「通常のパネルや音声の説明ではなく、さまざまな質問にもお答えしますのでぜひ参加してほしいですね」と学芸員は話している。

近くの親子スポット ★富岡製糸場、富岡市立美術博物館、群馬サファリパーク、こんにゃくパーク（工場見学）、観音山キャンプ パーク・ジョイナス

群馬

教訓にしたい浅間山噴火の威力と被害と対策

群馬県・長野原町／嬬恋村

浅間火山博物館／嬬恋郷土資料館

〈浅間火山博物館〉 所 群馬県吾妻郡長野原町北軽井沢 ☎0279-86-3000 交 上信越自動車道「佐久平」PAから約30km P 有（無料） ¥ 大人600円、小中学生300円 時 8:30～16:30 休 水曜、12～3月
〈嬬恋郷土資料館〉 所 群馬県吾妻郡嬬恋村大字大前110 ☎0279-96-0511 交 上信越自動車道「佐久平」PAから約40km P 有（無料） ¥ 大人300円、小中学生150円 時 9:00～16:00 休 水曜（祝日の場合は翌日）

鬼押出しの中に立地する火山博物館

浅間山は、阿蘇山、桜島、伊豆大島などと並んで国内でも最も活動度が高い火山の一つに数えられる。

特に1783（天明3）年の大噴火では、1500人もの死者が出た上、アイスランドの火山噴火とも相まって、数年にわたる気候の寒冷化をもたらし、大飢饉の原因となった。

その際に流れ出た溶岩流が冷え固まったのが鬼押出しの奇岩だ。噴火は浅間山に棲む鬼の所業と考えられていたので、その名がついたのではとされる。現在では浅間高原最大の景勝地で、自然遊歩道が整備されている。

博物館は鬼押出しの中に立地する。溶岩の洞窟を模した入口を入ると、映像や音声で、浅間山の生い立ちや火山の仕組みなどがわかりやすく解説されている。

浅間山は1940年代から60年代にかけて年に400回近くも噴火したことがある。この山を長年にわたって研究している館長は「2004年に噴火はありましたが、かつてに比べると最近は本当に静かです。ただ、いつまた活発な活動を始めるか分かりません」と現状を話す。その上で、「天明の大噴火でも火山弾で亡くなった人は2人だけといいます。ただ恐れるのではなく、噴火とはどういうものか、どういう時に危険があるのか、を博物館でしっかり知ってもらえれば」と語った。

火砕流の直撃を受けた鎌原村を紹介

天明の大噴火で、火砕流が土石な

近くの親子スポット ★浅間記念館（二輪車展示館）、鬼押出し園（公園）、軽井沢おもちゃ王国（遊園地）、浅間高原しゃくなげ園（公園）、軽井沢オートキャンプ場

だれと化して直撃したのが嬬恋郷土資料館が建つ天領・旧鎌原村だった。宿場町でもあった集落118戸はすべて厚さ7㍍余りの土石に埋まり、村人570人のうち477人が死亡した。東洋のポンペイと言われる由縁だ。

「近隣に出掛けていた人と、高台にあった鎌原観音堂に駆け上った人だけが奇跡的に助かりました」。ボランティアガイド会の会長は話す。「観音堂の石段は50段ありましたが、上の15段だけが埋まるのを免れたんです」。

生き残った93人にしても、家族ばかりでなく家屋、田畑を一瞬にして失い途方に暮れた。離散するほかなかったところで近隣の有力者3人が知恵を絞った。村の再興に向け助かった人で新たな家族を編成させ、食糧などの援助を行ったのである。

「当時は農民の間でも身分の違いがありましたが、それを取り払い、一族になることを約束させ、30世帯を編成しました。ただ、独身者や女性の戸主もおり、強制的に家族にさせたわけではなかったようです」（会長）。翌年1月までに11戸を新築、田畑が均等に割り当てられ復興への一歩を踏み出した。

「火砕流によるものと思われていた被害は、後の発掘調査や土砂の成分調査で土石なだれによるものと判明。観音堂の石段では老いた女性を背負って逃げようとして間に合わなかった娘か嫁とみられる遺体も見つかりました」（同）。資料館ではこれらの史料や復元像を展示する。

「浅間山や白根山を望み、白樺とダケカンバが混生する自然の中のドライブはいかがですか」（同）。「その途中でお立ち寄りいただき、幕府の支援が入るまでに村人たちが災害に立ち向かった歴史を知っていただきたいですね」と話した。

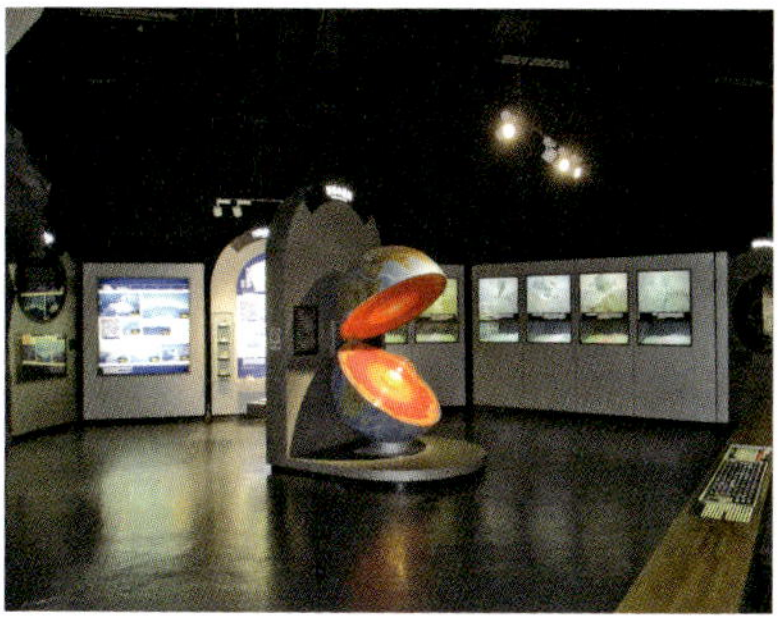

浅間火山博物館の入口（上）と館内の様子（下）
（2点とも浅間火山博物館提供）

栃木

広大な地下空間が形づくられてきた歴史を体感しよう!

栃木県・宇都宮市

大谷資料館

所 栃木県宇都宮市大谷町909
☎ 028-652-1232
交 JR宇都宮駅または東武宇都宮駅から関東バスで「資料館入口」下車、徒歩5分
P 有(無料)
¥ 大人800円、小・中学生400円
時 9:00 ～ 16:30 (12 ～ 3月は～ 16:00)
休 火曜(祝日の場合は翌日)、4 ～ 11月は無休

戦中には飛行機工場

資料館入口脇にある階段を下りると、地上の建物からは想像もできない広大で幻想的な地下空間が広がっていた。

「1919(大正8)年から1986(昭和61)年まで掘り続けられた採掘場跡です。2万平方㍍。野球場がすっぽり入る広さです」。資料館長が話してくれた。

深さは平均地下30㍍。深いところでは60㍍になり、夏でも12～13度、冬場も零度を下回ることはない。入口近くの左手にある一室から奥へと連なる空間には大戦末期の1945(昭和20)年3月、戦闘機などを作る中島飛行機の工場が移された。「ただ当時は部品も枯渇しており、一応2機が完成しましたが、実際には飛べなかったようです」(館長)

奈良時代から採掘

軽くて柔らかくしかも熱に強い。大谷石の成り立ちには諸説あるが、およそ1500万年前の新生代新第三紀中新世、まだ日本の大半が海中にあった時代に火山爆発が起き、その時噴出した流紋岩質角礫《かくれき》の砂礫《されき》や火山灰が凝固したものとする説が有力だ。

その利用は古く、奈良時代からすでに採掘が行われていたという。資料館近くにある大谷寺の観音像は弘法大師自らの手になるとの言い伝えも。フランク・ロイド・ライトの設計による帝国ホテルにも使われた。

資料館は、手掘り時代から機械化後までの採掘道具などを展示する。「15×30×90㌢の大きさ(約80㌕)で掘り出すのが基本でした。手掘り時代はつるはしを4000回振るわなければならなかったといいます」(同)。「これまで数多くの映画ロケやコンサートに活用された地下神殿です。ぜひ足を運んでみてください」と話した。

近くの親子スポット ★とちのきファミリーランド(遊園地)、栃木県立博物館、宇都宮美術館、宇都宮城址公園

茨城

観察会や体験教室 広大な敷地を生かした 屋外イベントが豊富

茨城県・坂東市

ミュージアムパーク 茨城県自然博物館

- 所 茨城県坂東市大崎700
- ☎ 0297-38-2000
- 交 常磐自動車道「谷和原」ICから約10km
- P 有(無料)
- ¥ 本館・野外施設 大人530円、高大学生330円、小中学生100円、野外施設のみ 大人210円、高大学生100円、小中学生50円
- 時 9:30～16:30
- 休 月曜(祝日の場合は翌日)

丸一日過ごせる博物館

菅生沼《すがお》に面した自然に恵まれた広大な敷地に立地する。

「15・8ヘクタールあります。同種の博物館では断トツの広さです」。企画課の担当者は誇らしげだ。「博物館というと2時間程度で見学を終えるのがふつうなんですが、午前中は館内の見学、午後は野外を散策したり自然観察したり、と丸一日過ごされる方がかなりの割合を占めています」と言う。

常設展は、全長26メートル、世界最大級の竜脚類ヌオエロサウルスや、渓流から海までの魚が泳ぐミニアクアリウムなど必見の展示に加え、隕石を持ち上げたり、化石や動物のはく製に触ったりと体験型展示が豊富だ。

ふさふさしたタヌキのはく製に触りながら「もしかすると館外の森に住んでませんか?」と担当者に尋ねると、「いますよ。運がよければ見られるかも。でも夜行性だから難しいかな」。自然の中の博物館ならではの返事だった。

屋外で化石探しも

年間来館者が40万人という数字もうなずける充実した館内展示にもまして、お勧めしたいのが様々なイベントへの参加だ。自然観察会や日曜日の体験教室「サンデーサイエンス」などメニューも豊富。その中で「ほかでは聞いたことがありません」と担当者が話すのが毎週木曜の「化石クリーニング」(100円、要予約)。30万年前の岩石から木の葉の化石を探そう。

野外では、古代の広場にある砂場で12万5000年前の貝の化石が採集できる。自然発見工房では観察器具の貸し出しも行っており、学芸員によるネイチャーガイドも週末を中心に行われる。申し込みが必要なイベントもあり、日程などをホームページで確認して出掛けたい。

近くの親子スポット ★キッコーマンもの知りしょうゆ館、ノア・森の遊園地、水海道あすなろの里(キャンプ場)

東京

世界一に認定されたプラネタリウムを見に行こう！

東京都・西東京市

多摩六都科学館

所 東京都西東京市芝久保町5-10-64 ☎ 042-469-6100 交 西武新宿線「花小金井」駅または「田無」駅からはなバス第4北ルートで「多摩六都科学館」下車、徒歩すぐ、JR中央線「吉祥寺」駅から西武バスで「科学館南入口」下車、徒歩7分 P 有（有料） ¥ セット券（展示室＋プラネタリウム＋大型映像）大人1400円、4歳～高校生500円 時 9:30～16:30 休 不定休

体験型展示も充実

「世界で最も多くの星を投影できるんです。その数はおよそ1億4000万個。そのうち9万個を除くすべてが天の川の星になります」

2012年に導入された投影機CHIRONⅡ（ケイロンⅡ）について、科学館の広報担当者が説明してくれた。

毎日、全編生解説の投影や大型映像上映が行われている。「直径27・5㍍のドームも世界で4番目の大きさです」（同）。

「Do! Science」を合言葉に、「チャレンジ」「からだ」「しくみ」「自然」「地球」の五つに分かれた部屋があり、体験型展示も充実している。

スタッフがサポート

「チャレンジ」の部屋では再現されたスペースシャトルの居住スペースに入ってみよう。かなり狭い空間で宇宙飛行士が生活していることが分かる。

「からだ」の部屋で自転車のペダルを漕ぐと、鏡に映る自分の姿に脚の骨が浮かびあがり、ひざなどの関節がどう動いているかが分かる。5種類の果物や食べ物などのにおいをかぎ分けられるかも試してみよう。

それぞれの部屋には、観察、実験や工作などをスタッフがサポートしてくれる「ラボ」が設けられているのも特徴だ。知恵の輪やパズルなどにも挑戦できる。

1年間有効のカード（200円）を作り、5つの部屋にあるクイズに答えるクイズラリー。正解ごとにも

近くの親子スポット ★西原自然公園、西東京市郷土資料室、西東京いこいの森公園、江戸東京たてもの園、西武遊園地

1億4000万個の星を投映できる投映機「ケイロンII」

暮らしにひそむメカニズムやシステムを探求できる「しくみラボ」
（2点とも多摩六都科学館提供）

らえるポイントをためれば星座キャラストラップやプラネタリウムバックヤードツアーなどと交換できる。リピーターが多いそうだ。

多摩六都科学館は多摩地区の5つの市で運営している。入館券、プラネタリウムか大型映像1回の観覧付き入館券、プラネタリウムと大型映像を一回ずつ見られるセット券などがある。

東京

天文学の歩みがわかる! 日本最大の屈折望遠鏡や最先端研究の紹介も

東京都・三鷹市

国立天文台 三鷹キャンパス

所 東京都三鷹市大沢2-21-1
☎ 0422-34-3600（代表）
交 JR中央線「武蔵境」駅から小田急バスで「天文台前」下車、徒歩すぐ
P 有（有料）
¥ 無料
時 10:00 ～ 16:30
休 無休（年末年始を除く）

国の有形文化財に登録

深い森の緑に抱かれた敷地内に、古い観測施設が点在する。そのほとんどが大正から昭和初期に建てられ、国の有形文化財に登録されている。

最も古いのが1921（大正10）年に完成した第一赤道儀室だ。ドーム型の建物の中にある望遠鏡はドイツ・カールツァイス社製の口径20センチ。1938（昭和13）年から約60年間、太陽黒点のスケッチ観測に活躍した。

日本最大の口径（65センチ）を誇る屈折望遠鏡が見られるのが、大赤道儀室。同架されている38センチ望遠鏡をのぞきながら、65センチで写真撮影するなどの運用方法で1960年ごろまであらゆる天文観測で活躍。その後も土星の衛星観測などに1998（平成10）年まで使われた。

1926（大正15）年に完成した建物は、造船技師の支援を得て建てられ、望遠鏡の傾きに応じて、床が上下して観測しやすいように工夫が凝らされている。現在は天文台歴史館となっており、ガリレオの望遠鏡のレプリカや古い観測装置なども展示されている。

ドームシアターや定例観望会

さらに、アインシュタインの一般相対性理論の検証のために建設された太陽塔望遠鏡（春、秋に限定公開）、子午線上の天体の位置を精密観測するよう工夫されたゴーチェ子午環が備わるゴーチェ子午環室なども有形文化財だ。

現在でも国立天文台は天文学の中枢研究機関だが、最先端の観測はチリのアルマ望遠鏡、ハワイのすばる

近くの親子スポット ★神代植物公園、調布飛行場、野川公園、深大寺温泉 湯守の里（入浴施設）

天文台歴史館にもなっている大赤道儀室（国登録有形文化財）

望遠鏡、さらには衛星「ひので」などが担っている。これらの観測の成果や最先端の研究の紹介などは、展示室で見られる。

　天文情報センター広報普及員の担当者は「『4次元デジタル宇宙プロジェクト』で開発した宇宙の構造とその進化を映し出す4D2Uドームシアター（月4回・申込制）、50センチ反射望遠鏡を使った定例観望会（月2回・申込制）など、多くのイベントも開催しています。星空の世界へぜひどうぞ」と話している。

茨城

実物や精巧模型から日本の宇宙開発の歴史とその最前線がわかる

茨城県・つくば市

筑波宇宙センター

所 茨城県つくば市千現2-1-1
☎ 029-868-2023
交 TX「つくば」駅から関東鉄道バスで「物質材料研究機構」下車、徒歩1分
P 有（無料）
¥ 無料
時 10:00 ～ 17:00 （展示館は9:30 ～）
休 月曜(不定期)

「かぐや」から「はやぶさ」まで

正門を入って左側にあるのが展示館「スペースドーム」だ。日本の宇宙開発を進めてきた宇宙航空研究開発機構（ＪＡＸＡ）のこれまでの歩みや取り組みの現状を紹介している。まずは、国際宇宙ステーション「きぼう」日本実験棟の実物大モデルに入ってみよう。案外せまく感じるかもしれない。随所にてすりが取り付けられているのは、宇宙飛行士の移動を容易にするためだ。近くには宇宙ステーション補給機「こうのとり」の試験モデルも展示され、宇宙環境利用などについて紹介している。

館内では、データ中継技術衛星「こだま」、陸域観測技術衛星「だいち」などの試験モデルをはじめ、月周回衛星「かぐや」の試験モデル、惑星探査衛星「はやぶさ」の２分の１スケールモデルなど、多くの人工衛星がその果たした役割などとともに紹介され、最近打ち上げられた超低高度衛星技術試験機「つばめ」などもあらたに展示品に加わった。

宇宙飛行士養成エリアの見学ツアーも

展示館は見学自由だが、１日５回（10時、11時、13時、14時、15時開始）、説明員による展示ガイド（無料）も行われるので、時間が合えば参加したい。

これとは別に、「きぼう」の管制室や「宇宙飛行士」の基礎訓練、健康管理などを行っている宇宙飛行士養成エリアなどを見学するツアー（事前予約が必要。一般５００円、高校生以下無料）が11時半、15時に

近くの親子スポット ★地図と測量の科学館、つくばエキスポセンター（博物館）、科学万博記念公園、つくばキャンプ場

「スペースドーム」には日本の歴代ロケット模型も展示（JAXA提供）

スタート（各回定員40人）する。参加希望の場合、中学生以上は写真付きの身分証明書が必要なので忘れずに。

最後に敷地内に展示してある50㍍もあるH－IIロケットの実機でその迫力を体感しよう。記念撮影もおすすめだ。

東京

モースから始まった 日本考古学の出発点 標本やパネルで学ぶ

東京都・品川区

大森貝塚遺跡庭園／品川区立品川歴史館

〈大森貝塚遺跡庭園〉

所 東京都品川区大井6-21-6 交 JR京浜東北線「大森」駅から徒歩5分（大森貝塚遺跡庭園から品川歴史館までは徒歩5分） ¥ 無料 時 9:00～17:00（7・8月～18:00、11～2月～16:00） 休 無休

〈品川区立品川歴史館〉

所 東京都品川区大井6-11-1 ☎ 03-3777-4060 交 JR京浜東北線「大森」駅から徒歩10分、京急本線「立会川」駅から徒歩13分 P 有（無料・3台まで） ¥ 大人100円、小中学生50円（特別展は別途） 時 9:00～16:30 休 月曜、祝日（要確認）

最初の科学的発掘

１８７７（明治10）年、大森駅付近で汽車の窓から貝の堆積層を見つけた米国人動物学者エドワード・モース（１８３８〜１９２５）が、日本で最初の科学的発掘を行い、縄文時代の土器などが出土した。大森貝塚が日本の考古学発祥の地とされるゆえんだ。

その遺跡庭園を目指してＪＲ大森駅から池上通りをしばらく歩くと、「大森貝塚入口」の案内が。「庭園はまだ先なのに」と思いつつ訪れると「大森貝墟」の碑があった。

品川歴史館の担当者が解説してくれた。

「最初の発掘地については詳しい記録がなく、諸説がありました。それを反映して１９２９（昭和４）年、品川区大井に『大森貝塚』、翌年には大田区山王に『大森貝墟』の碑が建てられ、55年、ともに碑の周辺が国史跡の指定を受け現在に至っています。その後の調査で『貝塚』周辺からは貝層が見つかった半面、『貝墟』周辺では発見されず、現在では『貝塚』周辺が発掘地とされています」

出土品やパネル展示

遺跡庭園は緑に囲まれた雰囲気のいい公園だ。園内では、近所の子どもらが遊ぶ。「貝塚」碑のほかモース氏像、貝層の剝《は》ぎ取り標本、縄文時代の暮らしを学べるパネル展示などもあり、舗道やトイレにも縄文の模様が施されている。

モースの調査による出土品は東京大学総合研究博物館所蔵で、品川歴史館にはレプリカと１９８４年以降の区による発掘調査の出土品が展示されている。また、東海道品川宿の資料などを常設展示しており、担当者は「品川・大田区の小学校が社会見学でみえます。しながわ水族館も近くですし…」と誘った。

近くの親子スポット ★しながわ水族館、羽田空港、平和の森公園フィールドアスレチック

東京

土器の移り変わりを直接触れて感じよう 火おこしにも挑戦！

東京都・多摩市

東京都立埋蔵文化財調査センター

復元竪穴住居もある遺跡庭園「縄文の村」
（東京都立埋蔵文化財調査センター提供）

所 東京都多摩市落合1-14-2
☎ 042-373-5296
交 京王相模原線・小田急小田原線「多摩センター駅」から徒歩5分、多摩モノレール「多摩センター」駅から徒歩7分
P 有（無料）
¥ 無料
時 9:30 ～ 17:00
休 無休（年末年始等を除く）

東西14㌔、南北4㌔。東京都の八王子、稲城、多摩、町田の4市にまたがる約3000㌶の多摩ニュータウン地域。その開発に先立って行われた調査では、964カ所の遺跡が見つかり、うち770カ所で発掘調査されている。

「こんなに広い地域を調査できたのは全国で例をみません。遺跡の密度もかなり高い部類に入ります」。担当者が説明してくれた。「とりわけ縄文中期（約5000年前）と奈良・平安時代のものが多く、この時代に栄えた地域だったようです」という。

展示はこれらの遺跡からの出土品が主だが、時代別に並べられた土器などを手で直に触ることができるのが特徴だ。「つぼの内面は滑らかに仕上げられていることなどを確かめてください。時代を経るにつれ、土器が薄くなってくる様子もわかります」（担当者）。

センター敷地内に設けられた遺跡庭園「縄文の村」は多摩ニュータウンNo.57遺跡を保存するため整備された。3棟の住居が復元され、周囲の植生も縄文時代のものが再現されている。

7～3月の平日には火おこしが体験でき、成功すれば「火おこしマイスター」の認定証がもらえる。土器作り、アクセサリー作りなどの体験教室もあり、ホームページなどでスケジュールを調べて参加したい。

近くの親子スポット ★サンリオピューロランド（テーマパーク）、ベネッセ・スタードーム（プラネタリウム）、多摩中央公園、多摩美術大学美術館

千葉

集落内としては日本最大の貝塚実物が見られる

千葉県・千葉市

千葉市立加曽利貝塚博物館

所 千葉県千葉市若葉区桜木8-33-1
☎ 043-231-0129
交 千葉モノレール「桜木」駅から徒歩15分
P 有（無料）
¥ 無料
時 9:00 ～ 16:30
休 月曜、祝日の翌日の平日

埋葬された人や犬も出土

「『日本最大』と称される貝塚が実は日本に三つあるんです」。千葉市立加曽利貝塚博物館の学芸員は目を細める。

「東京都北区の中里貝塚は、集落から離れたところにある『浜貝塚』として最大、宮城県の里浜貝塚はいくつかの貝塚が集まった集合体として最大と称されます。これに対して加曽利貝塚は、縄文人が生活した集落にある『村貝塚』として日本一の規模です」という。

「日本にある貝塚は約２４００。うち７００が千葉県に集中しています」（同）。住みやすい地域だったのだろう。

直径１４０㍍の北貝塚は約５０００年前から４０００年前、約１９０㍍の南貝塚は４０００年前から３０００年前のものだ。

村貝塚の特徴として、使われていた縄文土器、石器や埋葬された人骨も出土する。犬の骨もほぼ完全な形で見つかり、飼い犬を埋葬する習慣をうかがわせる。貝塚を掘り進むと、下の層からは住居跡も見つかる。住んでいた場所が、後の年代に貝殻の捨て場所として使われたことが一目で分かる発見だ。

縄文時代にダシとり？

出土する貝がらは小さな巻貝のイボキサゴが多く、ハマグリが多い大森貝塚などと違う。食べるには物足りないイボキサゴはダシをとるためなどに使ったのかもしれない。「当時の食生活を考える上で興味深いですね」（同）。

同博物館ではこれらの発掘史料を

近くの親子スポット ★千葉市子ども交流館、亥鼻公園（猪鼻城跡）、青葉の森公園、千葉公園、千葉ポートパーク

発掘された厚さ2メートルを超える貝塚が保存、公開されている

展示するほか、発掘された貝塚そのものを保存しており、深さ約3メートルの貝層などを見学できる。竪穴式住居の復原集落などの屋外施設もある。「第2・第4日曜日にはアクセサリー作りや火おこしが体験できるイベントもあります。縄文時代を肌で感じることができると思います。ぜひお越しください」と学芸員は話している。

なお縄文体験イベントは天候などにより中止・変更の場合がある。

埼玉

日本最大級の円墳に登って大きさを実感！注目の古代史スポット

埼玉県・行田市

埼玉古墳群・埼玉県立さきたま史跡の博物館

所 埼玉県行田市埼玉4834
☎ 048-559-1111
交 JR高崎線「吹上」駅から朝日バスで「産業道路」下車、徒歩15分、東北自動車道「加須」ICから約17km
P 有（無料）
¥ 大人200円、高大学生100円
時 9:00 ～ 16:00
休 月曜（祝日の場合は翌日）

日本最大級の円墳を物見に？

映画「のぼうの城」では、忍城《おしじょう》を攻めるため石田三成の軍団が本陣を構えたのが、日本最大級の円墳・丸墓山古墳だとされた。「実際には古墳の上ではなくその近辺に陣を張り、古墳は物見のために使われたと思われます」。県立さきたま史跡の博物館の広報担当者が説明してくれた。「この三成が水攻めのために築いたという言い伝えがある石田堤は、春になると桜が見事ですよ」とも。

忍城は石田三成の水攻めを耐え抜き、豊臣秀吉が唯一攻め落とせなかった城とされる。浮き城、亀城の異名も持つ。

5世紀後半から7世紀初めまでの9基の古墳が点在する埼玉古墳群と言えば、銘文を金で象眼した古墳時代の国宝「金錯銘《きんさくめい》鉄剣」が出土した稲荷山古墳（前方後円墳）が有名だったが、「主役の座を丸墓山に奪われた形です」（広報担当者）。高さ約18㍍。百段ほどの階段を昇るとなるほど忍城跡など四方が見晴らせる。

このほか「台場・第3砲台の警備を任された忍藩が砲術訓練をしたと言い伝えられてきた鉄砲山古墳では、発掘調査で実際に江戸末期の砲術訓練場跡が見つかりました。これも日本で初めてです」（同）と言う。

一級の資料も展示

古墳公園内にある博物館には前出の鉄剣のほか国宝「画文帯環状乳《がもんたいかんじょうにゅう》神獣鏡《しんじゅうきょう》」など稲荷山古墳の出土品が展示されている。博物館の学芸主幹は、「鉄剣には『自分がワカタケル大王（雄略天皇か？）に仕え、国を治めるのを補佐した』と書かれて

近くの親子スポット ★行田市郷土博物館（忍城跡）、古代蓮の里（公園）、足袋とくらしの博物館

丸墓山古墳。左手は石田三成が水攻めのために築いたといわれる石田堤

います。また神獣鏡は同じものが九州や千葉、群馬で見つかっており、当時の中央と地方豪族の関係を考える上で一級の史料です」と話す。

博物館の体験工房では、同じ稲荷山古墳から出土した装飾品・勾玉作りが人気を集めている。白、ピンク、黒の滑石をヤスリで磨いてひもを通して首飾りに。開館日は毎日4回、行われており、所要時間は1時間20分ほど。費用は白が250円、ピンクが300円、黒が350円だ。

埼玉

219の横穴からなる古墳時代の埋葬地に戦時中の深い爪痕も

埼玉県・吉見町

吉見百穴

所 埼玉県比企郡吉見町北吉見327
☎ 0493-54-4541
交 東武東上線「東松山」駅から川越観光バスで「百穴入口」下車、徒歩7分
P 有（無料）
¥ 大人300円、小学生200円
時 8:30 ～ 16:30
休 無休

住居跡という見方も

小高い山の白い岩肌一面に、無数の四角い穴が口を開けている。入口が崩れかけているものもあるが、ほとんどは定規で線を引いたようにまっすぐ岩が切り取られている。何とも不思議な景色だ。

「百穴の名前はすでに江戸時代中期には使われていたようですが、実際には現在219あります」。吉見町教委の担当者は話す。

周辺の住民によく知られていたためか、明治になって考古学が日本にもたらされると、早い時期に調査の対象となった。

「モース博士も2度訪れており、1887（明治20）年には東大大学院生だった坪井正五郎が発掘調査を行いました。ただ坪井は住居跡だと考えていたようですね」（担当者）

地下工場を建設

その後、考古学の発展につれて古墳時代後期（6世紀後半から7世紀）の横穴式石室だということが判明した。この地方の豪族が埋葬されたようだ。

「金環をはじめ、須恵器や鉄剣など多くが出土しています。惜しむらくはどれがどの穴から出たものかなどの考証は行われずに散逸しました。日本考古学の黎明期で仕方ないのですが、もったいない話でもあります」と担当者は残念がる。

岩山は凝灰岩で軟らかく掘りやすかったため、墓にされたようだが、第二次世界大戦中には空襲を避けるため中島飛行機の地下工場建設が進められた。直径3㍍、長さ100㍍ほどの穴が岩山の一番下に縦横に掘

近くの親子スポット ★学校給食歴史館、埼玉県自然学習センター（公園）、化石と自然の体験館（博物館）

横穴の数は219、地下には軍需工場の名残も

られている。

工場の完成を待たずに終戦を迎えたが、この工事で明治の調査で237あった横穴の一部が壊され現在の数になったという。戦争のあおりを受けずにすんだ下方の石室の一つでは天然記念物のヒカリゴケが緑色の光を放っていた。

群馬

20歳の青年が大発見 旧石器時代の存在を証明する石器が出土

群馬県・みどり市

岩宿博物館

所 群馬県みどり市笠懸町阿左美1790-1
☎ 0277-76-1701
交 東武線・上毛電鉄「赤城」駅またはJR両毛線「岩宿」駅、わたらせ渓谷鉄道「大間々」駅からデマンドバス（要電話予約）で「かたくりの湯」下車、徒歩2分
P 有（無料）
¥ 大人300円、高校生200円、小中学生100円
時 9:30 ～ 16:30
休 月曜（祝日の場合は翌日）

信念を貫いた相沢氏

1946（昭和21）年の秋、群馬県旧笠懸村（現みどり市）岩宿の道路の切り通しで、行商からの帰宅途中の青年が3㌢ほどの見慣れない石剥片を見つけた。

青年は子どものころから考古学に興味を持っていた当時20歳の相沢忠洋だ。調べを進めるうちに、石器が見つかったのが関東ローム層で、縄文時代とは特徴も違うことが分かった。

「旧石器時代のものでは？」

相沢は考えたが、当時、日本に旧石器時代は存在しなかったというのが通説で、中央の研究者の反応も冷淡だった。

「相沢さん自身も半信半疑だったようです」（岩宿博物館学芸員）。それでもこつこつ調査を進め、黒曜石でできた7㌢ほどの槍先の尖頭器を発見したのは、3年も後の49年夏だった。

人が加工した痕跡が明らかだ。同じ地層から土器は見つからない。「もう間違いない」

交流のあった明治大学に持ち込み共同調査、多くの石器が見つかり日本における旧石器時代の存在が証明された。

「東京まで9時間、自転車をこいで明大に持ち込まれたんですよ」（同）。相沢の喜びを表すエピソードだ。

マンモスの全身骨格も

共同調査で発見された石器は、年に5カ月間ほど、岩宿博物館で展示される。

博物館では、全国各地から集めた

近くの親子スポット ★大川美術館、水道山公園、ぐんま昆虫の森（公園、博物館）

マンモスの全身骨格(複製)は迫力がある

「岩宿時代」の資料を展示する。近くの岩宿人の広場には世界の旧石器時代の復原住居もある。この時代の生き物、マンモスの全身骨格も見られる。さすがの迫力だ。「館の建物は石槍をモチーフにしています。日本の始まりに思いを馳せてみてください」(同)

近くの岩宿ドームは相沢が多くの石器を発掘した場所で、関東ローム層の地層が観察できる。ドーム入り口には相沢の銅像が立ち、石器を見る真剣な表情が印象的だ。

となりの桐生市には、相澤忠洋記念館がある。住所は新里町奥沢537、東武桐生線赤城駅からタクシーで約10分。旧石器時代の夏井戸遺跡に立地し、相沢の発掘した石器や関連史料を展示する。

埼玉

深い渓谷が内堀に
関東への要所を占め
戦国武将の激戦地

埼玉県・寄居町

鉢形城・鉢形城歴史館

所 埼玉県大里郡寄居町大字鉢形2496-2
☎ 048-586-0315
交 関越自動車道花園IC下車、国道140号バイパスを秩父・長瀞方面へ6km
P 有（無料）
¥ 大人200円、高大学生100円
時 9:30 ～ 16:30
休 月曜（祝日の場合は翌日）、祝日の翌日

北条勢トップの陣容

荒川とその支流深沢川に挟まれた河岸段丘に、1476（文明8）年、関東管領山内上杉顕定の家臣長尾景春が築城したとされる。

「深沢川はその名の通り、深い峡谷を成し、これを内堀に見立てた城は、天然の要害にあったと言えます。戦国時代を代表する関東の平山城でした」。鉢形城歴史館館長が説明してくれた。「地理的には沼田、金山、箕輪などの城のあった群馬と小田原の中間点にあり、秩父、甲州から関東への出口を押さえる要衝にありました」という。

この城を拠点とした長尾景春の乱や河越合戦などを経て、城の主も山内上杉氏から、北条氏邦と移り変わった。氏邦は24万平方メートルと現在の大きさに城を整備拡充、配下の5000騎は北条勢でトップの陣容を誇り、武田信玄、上杉謙信らの攻撃は持ちこたえたが、16世紀末、豊臣秀吉の小田原城攻めの際、前田利家ら5万の軍勢に包囲され、開城した。

大河ドラマで一躍脚光

「NHKの大河ドラマ『真田丸』でも、軍議のシーンで『まず鉢形を落とせ』などとしばしば登場してきました。その年には、入館者が減る夏になっても、おおぜいの方がおみえでしたね」（館長）

当時の建物などはさすがに残っていないが、三の曲輪《くるわ》には川原石を積み上げた石積土塁、四脚門や四阿《あずまや》が復元整備されている。

入口にある歴史館では、250分の1の城の復元模型や出土品の展示

近くの親子スポット ★ほたるの里公園、小川げんきプラザ（自然体験施設）、彩の国ふれあい牧場、埼玉県立自然の博物館

鉢形城の模型では荒川と深沢川に挟まれた自然の要塞ぶりがわかる

石積土塁や門が復元された三の曲輪

のほか、バーチャルツアーなどの映像で城郭用語の解説などが行われている。

「秋には渓谷美も楽しめるハイキングコースとして最適です。三の曲輪や本曲輪から眺める荒川は、県の名勝『玉淀』という景勝地で、一見の価値がありますよ」と館長は話している。

埼玉

三成の水攻めにも落ちなかった忍城 映画の舞台で注目

埼玉県・行田市

忍城《おしじょう》・行田市郷土博物館

所 埼玉県行田市本丸17-23
☎ 048-554-5911
交 秩父鉄道「行田市」駅から徒歩15分、JR高崎線「吹上」駅から朝日バスで「忍城」下車、徒歩すぐ
P 有（無料）
¥ 大人200円、高大学生100円、小中学生50円
時 9:00 ～ 16:00
休 月曜（祝日の場合は翌日）、祝日の翌日の平日

攻めづらい平地の城

映画「のぼうの城」の舞台となった。野村萬斎が演じた成田長親は、小田原城に出向いていた城主・成田氏長のいとこで、城代として家臣や農民ら3000人とともに立てこもり、石田三成の軍勢と戦った。

三成は埼玉古墳群の丸墓山古墳に本陣を置き、延長28キロにも及ぶ石田堤を建設し利根川を利した水攻めを行ったが、落城せず、先に小田原城が落ちたため開城した。

「水攻めにも落ちなかったことから忍の浮き城という別名もつきました。忍城の開城で関東地方における戦国時代は終わりを告げることになります」。行田市郷土博物館副館長は話す。

建設年ははっきりしないが、1479（天正7）年の文書には登場する。石垣ではなく土塁で築かれた典型的な関東地方の城で、「広く張り巡らされた水路の内側に武家屋敷や町人の住居があり、道路は直進できないよう作られている。城自体も沼地の島にありました。平地の城ですが攻めづらい工夫が凝らされていました」（副館長）。

三成との戦いでは、後に豊臣秀吉の側室となった甲斐姫の活躍も伝わるが、「今のところ水攻め当時の史料からはよく分かりません。江戸時代に作られた軍記物には登場しますが」という。

足袋産業の資料展示も

城自体は明治に廃城となり、現在のものは1988（昭和63）年に再建された。忍城の本丸跡に建設された博物館ではこの城の歴史のほか、

近くの親子スポット ★県立さきたま史跡の博物館（埼玉古墳群）、古代蓮の里（公園）、足袋とくらしの博物館、水城公園

石田三成の水攻めにも落ちなかったという忍城。明治時代に廃城、昭和になって再建された

同市内の酒巻14号墳から出土した、旗を立てた馬などの埴輪《はにわ》（国指定重要文化財）などを展示する。

また明治期に全国シェア8割を占めた足袋産業の資料（登録有形民俗文化財）展示では、古いミシンを使った製造の様子などが興味深い。

「4月末から5月にかけて日祝日の午後にはよろいを着て記念撮影もできます（無料、午前9時から配布の整理券が必要）。ぜひどうぞ」（同）。

群馬

有力戦国大名からの度重なる攻撃にも耐え抜いた堅固な城

群馬県・太田市

金山城
(史跡金山城跡ガイダンス施設)

所 群馬県太田市金山町40-98
☎ 0276-20-7090(太田市教育委員会文化財課)
交 北関東自動車道「太田桐生」ICから約3.5km
P 近隣に有(無料)
¥ 無料
時 9:00 ~ 16:30
休 月曜(祝日の場合は翌日)

北条氏の謀略で開城

東武線太田駅の北口に出ると鎌倉幕府を滅亡に追い込んだ新田義貞の銅像が立つ。その子孫である岩松家《いえ》純《ずみ》の命で1469(文明元)年に築城されたのが金山城だ。

家純の死後、重臣だった横瀬氏(後の由良氏)が下克上によって実質上の城主となり、城は全盛期を迎える。北から上杉氏、西から武田氏、さらに南からは北条氏…。16世紀後半には有力戦国大名から十数回に及ぶ攻撃を受けながら一度も落城しない堅固さを誇ったが、1584(天正12)年、北条氏の謀略により開城、その後北条氏滅亡とともに廃城となった。

難攻不落だったのは、城全体が石垣でできていたことによるところが大きい。発掘調査の担当者は、「中世にできた関東の城では非常に稀です」と話す。「ただ遠くから石を運んで作ったわけではなく、全体がほとんど石でできた山を掘り返して築城したため、石の処分法として石垣を造った、いわば有効利用の産物のようです」とも。

360度の見事な展望

高い石垣に囲まれた城への通路、大《おお》手《て》虎口《こぐち》は「横から矢を射かけることができる造りになっており最大の防御拠点だったと思われます」(担当者)。「山頂部に日の池、月の池と二つの池があるのも珍しい。訪問者に見せつけることで籠城に耐えられることをアピールしたともみられます」

江戸時代には将軍家に松茸を献上するための御用林となった。多くの

近くの親子スポット ★新田荘歴史資料館、ジャパンスネークセンター、三日月村(テーマパーク)、ぐんまこどもの国(総合公園)

横矢掛けができる工夫がなされた大手虎口。中世の石垣の城は関東では珍しい

自然が残されており、例えば春には、ヤマザクラやフジの咲く中、ウグイスやメジロなどの鳥やハルゼミの鳴き声がこだまする。「富士山から大山、日光の男体山、スカイツリーや新宿副都心。晴れていれば360度の展望は見事ですよ」と担当者は話している。

東京

日本橋界隈から肥桶や千両箱まで豊富な体験型展示

東京都・墨田区

江戸東京博物館

所 東京都墨田区横網1-4-1
☎ 03-3626-9974
交 都営地下鉄大江戸線「両国」駅から徒歩1分、JR総武線「両国」駅西口から徒歩3分
P 有（有料）
¥ 一般600円、大学生480円、中高生・65歳以上300円（都内在住または在学の中学生は無料）
時 9:30 ～ 17:00（土曜は～ 19:00）
休 月曜（祝日の場合は翌日）

驚きの大名屋敷

博物館6階の展示室に入るといきなり復元された日本橋が現れる。徳川家康が命じて作らせた1603（慶長8）年に完成した橋の北半分を再現、幅、高さなどは19世紀前半のころのままだ。

橋を渡ると、寛永期（1630年代）の日本橋界隈の町人地と同時代の福井藩主の大名屋敷、19世紀の松の廊下のある江戸城本丸大広間の縮尺模型が登場。江戸図屏風や古地図などを基に再現されたもので、大名屋敷の模型がえらく立派に作られているな、と感じていると、「3つとも30分の1の縮尺です」と学芸員が教えてくれた。改めて見ると、大名屋敷の大きさに驚かされる。

体験型の展示が豊富なのが、この博物館の特徴だ。大名駕籠《かご》は記念撮影にピッタリだし、江戸の長屋の下肥を近郊農村の田んぼへと運んだ肥桶（26キロ）、江戸町火消し「す」組の纏《まとい》（15キロ）、天保小判1000枚の重さを再現した千両箱（14キロ）などは実際に担いでみよう。千両箱を担いで走るのがどんなに大変か分かる。

「皆さん、割にスーッと通り過ぎられるんですが、貴重な写真です」と学芸員が話すのが、1863（万延4）年から64年の江戸を愛宕山から写真師フェリーチェ・ベアトが撮影したパノラマ写真だ。時代劇の舞台になった頃とそんなに変わらないはずで、現在の東京の姿を思い浮かべながら眺めてみるといいかもしれない。

昔懐かしの生活用具

以上の「江戸ゾーン」が終わると

近くの親子スポット ★両国国技館・相撲博物館、旧安田庭園、NTTドコモ歴史展示スクエア（科学館）、すみだ北斎美術館、両国花火資料館

（2点とも江戸東京博物館提供）

展示室に入ると復元された日本橋が現れる（上）（「常設展示室」）。高床式の倉をイメージしたユニークな建物（下）

「東京ゾーン」。文明開化を経て、富国強兵、殖産興業の政策のもと、発展を遂げる東京と庶民の暮らし、文化を紹介。さらに関東大震災や空襲下の東京、占領下の暮らしなどが続く。2・26事件時、兵士に原隊復帰を呼び掛けたNHKラジオの録音などにも耳を傾けたい。

「実は高度経済成長期以降の展示が結構人気なんです」（学芸員）。シニア層には懐かしいし、若い人なら昔の生活用具に実際に触れて、使い方を体験できる。

常設展示スペースは約9000平方㍍。図書資料を含めて収蔵品は50万点を数え、常設展の展示替えは月に2回（江戸ゾーン、東京ゾーンで各1回）行われる。特別展や企画展に合わせて、時期を変えて訪れれば、新たな発見もありそうだ。

東京

天保年間の町並み実物大の再現に感じる深川の粋

東京都・江東区

深川江戸資料館

所 東京都江東区白河1-3-28 ☎03-3630-8625 交 都営大江戸線・東京メトロ半蔵門線「清澄白河」駅から徒歩3分 P 有（5台） ¥ 大人400円、小中学生50円 時 9:30 ～ 16:30 休 第2・4月曜日（祝日の場合は開館）

5世帯が住む長屋も復元されている

江戸への物流拠点

アサリ売りの声を聞きながら船宿に着くと今度は煮豆売りや刃物研ぎの声が。夕闇が迫り長屋へ向かうころには甘酒売りの声が聞こえ出した。

音響と照明が駆使された展示室では、天保年間（1830―1844年）の一日を15分で体験できる。再現されているのは現在の江東区佐賀1～2丁目の辺りだ。蔵がたち並び、地方から江戸に入る物資の流通拠点となっていた。

町並みは肥料問屋、八百屋、米屋、船宿、水茶屋、5世帯の住む長屋などに加え、火の見やぐらや猪牙舟（水上タクシー）を再現。「この地域の絵図が残っており、火の見櫓などを復元、家の間取りなどは想定復元してあります」（広報担当者）。「天保年間はごはんが一日3食になるなど現在の生活の原型ができました。このため多くの時代劇がこの時代を舞台にしています」という。「冷凍技術のなかった時代にいかに素早く物を流通させたか、など、ノスタルジックな町並みだけでなく、その中に秘められたスピード感まで知っていただければ…」と話す。

鬼平犯科帳の世界

最近では外国人の訪問者も増え、土日には時として館内に渋滞が起きる人気だが、「じっくり説明を聞いて『深川の粋』を感じてもらえれば」と話すのはボランティアの解説スタッフ。現在のシャッターの原型が米屋の玄関に存在するなど、いろんな仕組みが生活の中に効率的に生かされている。「隠された仕組みを説明しながら、『鬼平犯科帳』（池波正太郎著）の世界（実際には同作は天保より50年ほど前の時代を背景としている）へお連れしますよ」と解説スタッフは話した。

近くの親子スポット ★清澄庭園、ワイルドシルクミュージアム、東京都現代美術館、白河こどもとしょかん、東京大空襲・戦災資料センター

神奈川

1日数千人の通過も「出女」は徹底調査 江戸時代の交通を知る

神奈川県・箱根町

箱根関所

所 神奈川県足柄下郡箱根町箱根1
☎ 0460-83-6635
交 箱根登山鉄道「箱根湯本」駅から箱根登山バスで「箱根関所跡」下車、徒歩2分
P 無
¥ 大人500円、小学生250円
時 9:00～16:30（12～2月は～16:00）
休 無休

通行人は日本で一番多かった!?

江戸幕府は江戸に入る鉄砲と江戸から出る女性を関所で厳しく取り締まった。武器の流入と大名の妻子の脱出を防ぐためだ。「入鉄砲《いりでっぽう》出女《でおんな》」と言えば関所のトレードマークだが、箱根の関では「出女」の取り締まりに重点が置かれていた。

箱根の関の通行人は時として1日数千人に上ることも。お伊勢参りのピーク時の2日間で約1万2500人が通ったという記録がある。小田原藩から伴頭《ばんがしら》、責任者、横目付（関所の運営と役人の監視役）、番士3人、足軽15人などが配置された。いずれも1カ月の勤務で、期間が終わると小田原城下に戻ったが、女性の通行を取り調べる「人見女」という女の役人などは関所の近くに住み、世襲でこの役に従事していた。

「通行者が日本でも一番多い関所だったと思います。男性は手形なしでも通れたようですが、出女は幕府の『御留守居証文』（女通行手形）が必携でした」と担当者が説明してくれた。「証文」には髪形や黒子《ほくろ》、お灸《きゅう》の痕など身体的特徴が事細かに記されていた。それを人見女が面番所の前の縁側で徹底的に調べた。

通行手形や文書を展示

箱根関所は江戸末期の文書と発掘調査を基に2007年に復元整備された。復元は、江戸時代の職人の「わざ」を伝承して行われ、大番所、厩《うまや》、矢場、遠見番所、足軽番所などが芦ノ湖畔に蘇った。

隣接する資料館には通行手形や文書などが展示され、パネルに描かれた関所のマスコット「おたま」ちゃんが分かりやすく解説してくれる。1729（享保14）年には徳川吉宗に献上するゾウが通ったという記録や関所破りの記録なども興味深い。

近くの親子スポット ★箱根駅伝ミュージアム、箱根海賊船（観光船）、箱根公園、箱根やすらぎの森（公園）

千葉

歴史に名を刻んだ 忠敬の地図で探そう 自分の住所や出身地

千葉県・香取市

伊能忠敬記念館

- 所 千葉県香取市佐原イ1722番地1
- ☎ 0478-54-1118
- 交 JR成田線「佐原」駅から徒歩12分
- P 無(町並み観光駐車場隣接、有料)
- ¥ 大人500円、小中学生250円
- 時 9:00 ～ 16:30
- 休 月曜(祝日の場合は開館)

生涯学習の偉大な成果

利根川水運の中継地として栄えた佐原の名主だった伊能忠敬が隠居後、江戸に出たのは50歳の時だ。幕府天文方の高橋至時《よしとき》に入門し、興味を持っていた天文学などを学ぶためだった。

東北・北海道へ第1次測量に出掛けるのはそれから5年後の１８００(寛政12)年。その後正式に幕府に登用されて西日本にも出向き、71歳になった１８１６(文化13)年まで測量を行った。まさに生涯学習が偉大な成果を生んだと言える。

歴史の教科書にも登場する「大日本沿海輿地全図」が完成したのは忠敬の死から3年後の１８２１(文政４)年。縮尺3万６０００分の１の大図２１４枚、21万６０００分の１の中図８枚、43万２０００分の１の小図3枚を弟子達が完成させ幕府に献上したが、１８７３(明治６)年の火災で焼失してしまった。現在各地の博物館などに残っているのは、大名らに贈られたもので、記念館は忠敬の手元に残されていた大図69枚、中図9枚(重複あり)を所蔵している。

付近は「小江戸」の町並み

学芸員は「大図は関東、東北、甲信越から東海、中図はさらに北海道の南半分、中国地方を所蔵しています。他の地域の分の複製を含め、2カ月に1度、展示替えをしながら公開しています」と話し、「地図に書き込まれている地名は現在もかなり残っています。来館された方々も自分の住所やゆかりの地名を探しておられます」と付け加えた。

近くの親子スポット ★小江戸さわら舟めぐり、水郷佐原水生植物園、川の駅水の郷さわら、香取神宮、ゆめ牧場ファミリーオートキャンプ場

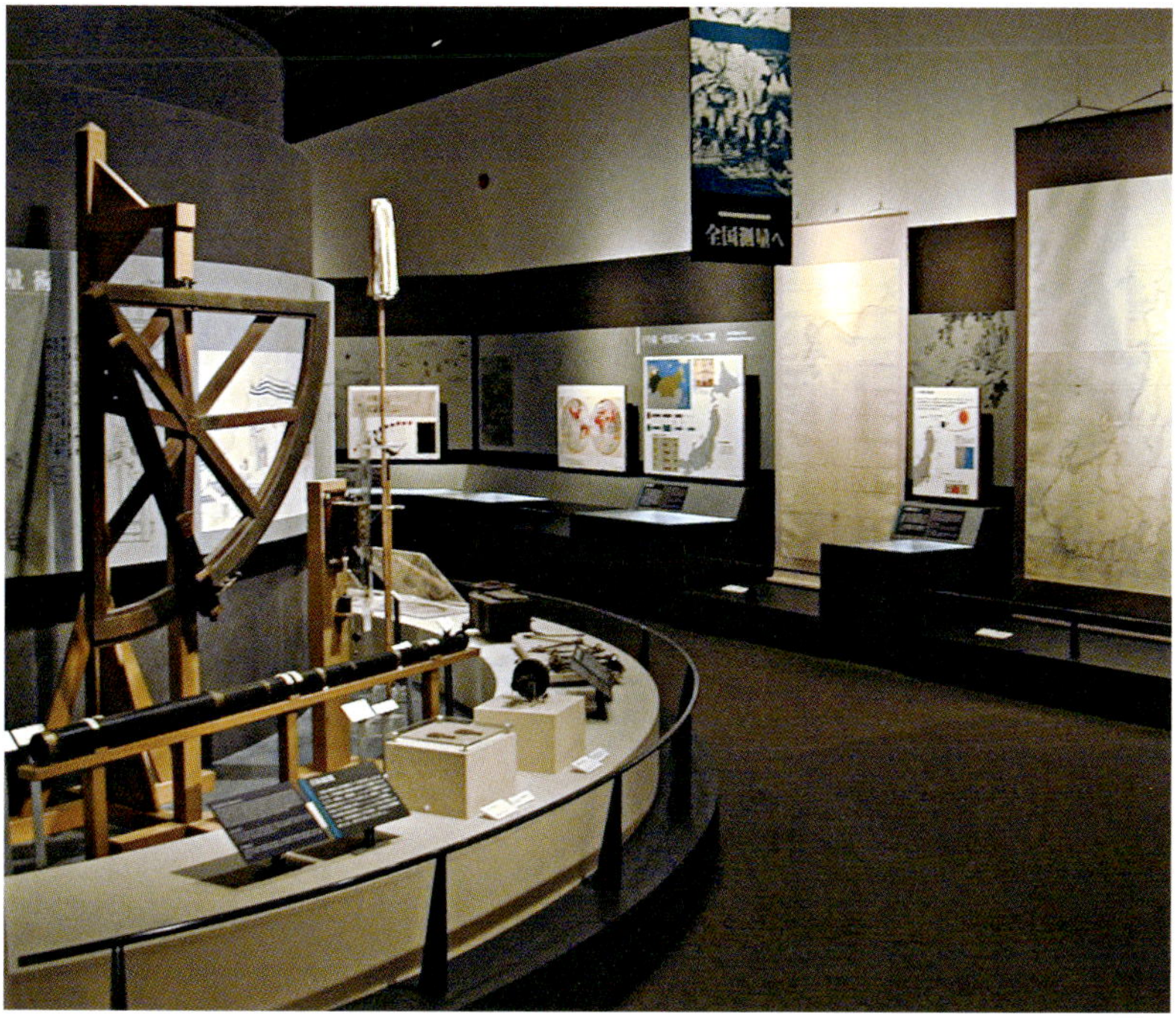

測量に使われた器具などの展示が豊富だ

で、筆者も探してみる。出身地と、以前住んだことのある町の字名がそのまま記載されていた。結構うれしい。

鉄鎖や象限儀《しょうげんぎ》、杖先《つえさき》方位盤など忠敬が測量に使った主だったものも展示されており、「長い年月をかけた大変な作業に思いを馳せていただければと思います」（学芸員）。

見学を終えたら、小野川を挟んで記念館の向かいにある伊能忠敬旧宅をのぞいてみよう（無料）。川にかかる樋橋（通称・じゃあじゃあ橋）で流れ落ちる水の音（残したい〝日本の音風景100選〟）に耳を傾けるのも忘れずに。まちぐるみ博物館運動を展開する地元の人が「小江戸佐原」と呼ぶだけあって、小野川沿いを散策すると古い商家などが軒を連ねる風情のある家並みが堪能できる。

東京

家1軒が買える鏡
豪華な内装の数々に
驚くばかりの財閥本邸

東京都・台東区

旧岩崎邸庭園

- 所 東京都台東区池之端1丁目
- ☎ 03-3823-8340
- 交 東京メトロ千代田線「湯島」駅から徒歩3分、東京メトロ銀座線「上野広小路」駅から徒歩10分
- P 無
- ¥ 400円、65歳以上200円（小学生以下及び都内在住・在学の中学生は無料）
- 時 9:00～16:30
- 休 無休

かつては20棟以上

洋館の玄関をくぐるとすぐのホール左手で、暖炉の上にしつらえられた大きな鏡が目に入る。

「鏡は高い位置にあって、自分の姿は映せません。装飾として設置されました。この鏡一枚で家1軒が買えるほどの価格でした」。ボランティアガイドが話す。「古い家に行かれて、暖炉の上に鏡があったら、すごいお金持ちだったと思って間違いありません」。軽妙な語り口で、明治時代にタイムスリップできる邸内の見どころを説明してくれる。

英国人建築家、ジョサイア・コンドルの手になり、1896（明治29）年に完成した旧三菱財閥・岩崎家の本邸はかつて、約5万平方mの敷地に20棟以上の建物があった。このうち現存するのは洋館、渡り廊下で結ばれた書院造りの和館、地下道でつながっているスイスの山小屋風の撞球室の3棟だ。屋敷全体と実測図が国の重要文化財になっている。

名作「壁支えの空中階段」

洋館は17世紀の英国建築様式を基調に建てられた木造2階建てだ。ホールから2階へ続く階段は『壁支えの空中階段』と呼ばれる名作です。コンドルは工部大学校造家学課程（現在の東大工学部）で建築を教え、教え子には日銀や東京駅を作った辰野金吾、赤坂離宮の片山東熊らがいますが、彼らをして『内装は先生にはどうしてもかなわない』と言わしめました」（ボランティアガイド）。

男性用客室には金唐革紙の壁紙が貼られ、婦人用客室では、シルクの

近くの親子スポット ★湯島天満宮（湯島天神）、下町風俗資料館、上野恩賜公園

明治の姿をそのまま残す旧岩崎邸庭園の洋館

布に施されたイスラム風紋様の日本刺繡がみごとだ。

雁行（斜めの列）に配置されたという和風の建物はほとんどが解体されたが、残る1棟には、樹齢300年以上というヒノキを用いるなど現在では入手困難な木材が随所に使われている。

地下道は毎月第2木曜、第3金曜に午前10時半から先着20人が見学できる（午前9時から整理券配布）。こちらもぜひ訪ねてみたい。

東京

土方や井上の出身地 和装や洋装の制服で人気の記念撮影を

東京都・日野市

日野市立新撰組のふるさと歴史館

所 東京都日野市神明4-16-1 ☎ 042-583-5100 交 JR中央線「日野」駅から徒歩15分 P 無 ¥ 大人200円、小中学生50円 時 9:30～16:30 休 月曜（祝日の場合は翌日）

日野宿本陣は都内唯一の本陣建築だ

スポーツ感覚で剣術

新撰組の前身となる浪士組263人の出身地は、北は松前（北海道）から南は肥後（熊本）まで幅広い。ただ最も多いのは多摩地区を含む武蔵で、68人を数える。

「幕府領、旗本領が多く、親幕の空気が強い地域でした。豪農や中間層が育っており、その子孫らがスポーツ感覚で剣術に打ち込んでいました」。学芸員が背景を説明してくれた。なるほど、館内のパネルには天然理心流道場の人気ぶりを「行列のできる剣術道場」と表現してある。

日野市は副長土方歳三や六番隊隊長井上源三郎の出身地で、土方の義兄である支援者佐藤彦五郎が開いた道場では、近藤勇や沖田総司も剣術のけいこに励んだという。

鉄砲の習練を積む

同市が新撰組のふるさとをキャッチフレーズにする由縁だが、展示物に刀や胴着などは多くない。

「新撰組はドラマ、小説などに幾度となく取り上げられ、それぞれに脚色されて親しまれています。ただ館では古文書などを中心に史実に即した姿を紹介しています。刀で切り込むイメージが強いのですが、実際には鉄砲の習練をかなり積んでいました」と学芸員。

そんな史料展示のなか、人気は和装、洋装の制服での記念撮影（無料）だ。沖田は和装、土方は洋装のイメージだろうか。

約500㍍離れた日野宿本陣（脇本陣）は都内に残る唯一の本陣建築として公開されている。「土方がよく昼寝をしたとされる部屋では、寝ころんで写真を撮られる若い女性が多いんですよ」。日野新撰組ガイドの会の担当者が笑いながら教えてくれた。

近くの親子スポット ★佐藤彦五郎新選組資料館、日野宿本陣（史跡）、井上源三郎資料館、土方歳三資料館、高幡不動

神奈川

ペリーが上陸して条約が調印された歴史の現場がここに

神奈川県・横浜市

横浜開港資料館

所 神奈川県横浜市中区日本大通3 ☎045-201-2100 交 みなとみらい線「日本大通り」駅から徒歩2分、各線「関内」駅より徒歩15分 P 無 ¥ 大人200円、小中学生100円 時 9:30～16:30 休 月曜（祝日の場合は翌日）

展示風景（横浜開港資料館提供）

「泰平の眠りを覚ます上喜撰《じょうきせん》たった四杯で夜も眠れず」。ペリー来航を巡る国内のドタバタぶりを詠んだ狂歌は有名だ。そのペリーが上陸し、徳川幕府の首席全権林大学頭復斎《はやしだいがくのかみふくさい》との間で日米和親条約の調印に臨んだのが、資料館の建つ辺りだ。

「ペリーの随行画家が描き、教科書などにも登場する『ペリー提督横浜上陸図』には右側にたまくすの木が、幕府が設けた応接所が左に描かれています。館の講堂の辺りに応接所があったと思われます」。館長が説明してくれた。

応接所は艦隊の退去後に取り壊され、跡地には１８６９（明治２）年に英国総領事館が建てられた。現在の資料館旧館は１９３１（昭和６）年に建て替えられた総領事館の建物を利用したものだ。

たまくすの木は関東大震災でほとんど焼けたが、根が生き残り、資料館の中庭でいまも成長を続けている。上陸図のレプリカがその前に展示されている。

「水深のある海があり、電信の実験などができる広大な更地があったことが日米交渉の場として横浜が選ばれた理由です」（館長）

ペリー上陸時、約90戸の半農半漁の村にすぎなかった横浜村は、開港場（貿易都市）になると波止場を挟んで元町側に外国人居留区が、桜木町側に日本人居住区が造られ、数年後には大きな町ができあがっている。

資料館常設展ではペリー来航に驚く瓦版やサスケハナ号の模型などを展示。あわせて昭和初期までの横浜の発展の歴史を物語る史料も紹介され、年4回、人物などに焦点を当てた企画展も開催されている。

近くの親子スポット ★ニュースパーク 日本新聞博物館、山下公園、シルク博物館、横浜税関資料展示室、横浜中華街

神奈川

大勝利へ導いた連合艦隊の旗艦で技術や戦法を体感

神奈川県・横須賀市

記念艦「三笠」

所 横須賀市稲岡町82-19
☎ 046-822-5225
交 京急「横須賀中央」駅・JR「横須賀」駅から京浜急行バスで「三笠公園」下車、徒歩2分
P 有（有料）
¥ 大人600円、高校生300円、65歳以上500円
時 9:30～17:00（3月・10月は～16:30、11～2月は～16:00）
休 無休

海戦で掲げたZ旗

横須賀港に面した三笠公園に明るいグレーの艦体が保存されている。英海軍の「ヴィクトリー」、米海軍の「コンスティチューション」と並んで世界3大記念艦と呼ばれる「三笠」だ。前方マストの左側には黄、青、黒、赤の4色の旗がはためいている。

「Z旗です。日本海海戦の時には、右側に掲げられました」。公益財団法人三笠保存会の広報担当者が教えてくれた。

万国共通の信号旗の一枚だが、連合艦隊はこの旗に特有の指令を託した。「皇国の興廃この一戦に在り、各員一層奮励努力せよ」との有名なフレーズだ。

「ロシア・バルチック艦隊との戦闘に入る15分前、三笠のマストに翻ったZ旗を見て、後続の各艦も次々にこの旗を掲げ、乗員に伝えたんです」という。

「艦は思ったより小さいですね」。第一印象を担当者に伝えると「幅が広くて（23㍍）長さは短い（122㍍）。ずんぐりむっくりの船体ですね。しかし当時としては世界最大級でした」。英国製だが長距離航海を必要としないため、同型の英国艦より副砲を2門多く取り付けてある。

その火力に加え、下瀬火薬の威力、感度のいい伊集院信管、6㌔の射程で10％を超える驚異的な命中率を可能にした訓練、有名なT字戦法など、様々な要素が海戦の大勝利につながった。

元帥が立ち続けた場所

艦橋に上ると東郷平八郎元帥が戦

近くの親子スポット ★ヴェルニー記念館、横須賀市自然・人文博物館、観音崎公園

艦の前には東郷元帥の像も立っている

闘中、一歩も動かず立ち続けた位置が示してあった。「戦闘中、三笠は艦橋まで波をかぶりましたが戦闘後に元帥が立ち去るとそこだけ乾いていたそうです」という。艦内では秋山真之参謀が「本日天気晴朗なれど波高し」と電報文に付け加えた執務室も見学できる。

「100年の時を超えて現在に至る三笠ですが、館内展示では最新のIT技術なども駆使して学べるようにしています」と担当者。「VR・日本海海戦」では艦橋に立つ東郷元帥の隣に自分が立っているという目線で、海戦の迫力映像が見られる。また「日本海海戦操艦シミュレーター」では、自ら艦隊を操り、バルチック艦隊目前で「東郷ターン」を決めて、海戦を勝利に導こう。「楽しみながら当時の模様を体感していただきたいですね」と担当者は話している。

群馬

生糸輸出世界一に日本を押し上げたモノづくりの原点

群馬県・富岡市／下仁田町

富岡製糸場／荒船風穴

〈富岡製糸場〉所 群馬県富岡市富岡1-1 ☎0274-67-0075 交 上信電鉄「下仁田」駅からタクシーで30分 P 有 ¥ 大人1000円、高大学生250円、小中学生150円 時 9:00～16:30 休 無休
〈荒船風穴〉所 群馬県甘楽郡下仁田町大字南野牧字屋敷甲10690 ☎0274-64-0005 交 上信電鉄「上州富岡」駅から徒歩15分 P 無 ¥ 大人500円（下仁田町在住者は無料）、高校生以下無料 時 9:00～16:00（最終受付15:30） 休 無休（12/1～3/31は見学不可）

　富岡製糸場は1872（明治5）年、日本初の本格的な官営模範器械製糸工場として開業した。当時の建物が現存し、「富岡製糸場と絹産業遺産群」の構成資産として2014年6月、ユネスコの世界遺産に登録されている。繰糸所、東と西の置繭所は国宝に指定され、首長館（ブリュナ館）や女工館、検査人館なども重要文化財、さらには5㌶を超える敷地と施設全体が国指定史跡だ。

　工場は1893（明治26）年、三井家に払い下げられ、1902（同35）年には原合名会社に譲渡、昭和に入って片倉製糸紡績株式会社（現片倉工業）に経営が移り、1987（昭和62）年まで操業が続けられた。富岡製糸場の広報担当者は、「操業停止後も、2005（平成17）年に富岡市に建物を寄贈するまで、片倉工業により維持管理されてきました。これが世界遺産登録などにつながりました」と話す。木骨煉瓦造りの建物は、建築後140年以上経過しているにもかかわらず良好な状態を保っている。

　3棟の国宝のうち繰糸所に並んだ自動繰糸機は壮観だ。東置繭所では蚕を生態展示、平日にはフランス式繰糸器の実演を見学、土日祝日には上州座繰りの体験ができる。

　西置繭所は現在進められている修復工事の様子を、建物全体を覆う素屋根に付設された見学施設から見ることができる。文化財保存の現場を目の当たりにできるいい機会だ。「残せるものはできるだけ残す方針で、5万8000枚の瓦もすべてナンバーを振り、劣化して使えないもの以外は再利用します」と言う。

　創業当初の工女の平均勤務時間は

近くの親子スポット ★〈富岡製糸場〉群馬サファリパーク　〈荒船風穴〉神津牧場（キャンプ／BBQ）、荒船の湯

1日7時間45分。能力給だった。病院などの施設もあり、設立指導者のポール・ブリュナが帰国した後、首長館は工女の宿舎、教育の場として使われた。「技術移転された後の改良はすべて日本人の手で行われました。20世紀初頭には生糸の輸出量で世界一となり戦後は自動繰糸機の輸出国になるまで独自の発展を遂げています。モノづくりの原点として当時に思いを馳せてもらえれば」(同)。

富岡製糸場外観（富岡製糸場提供）

世界遺産「構成遺産」のひとつ 蚕種を貯蔵した荒船風穴

「風穴の中は年間を通じてほぼ2度以下に保たれています」。案内してくれた下仁田町歴史館館長が話す。「風穴の上方に玄武岩が崩壊してできた約300㍍の岩塊堆積層があり、冬の間に冷やされた岩塊に、春先の雨水が入り、内部に氷柱ができます。ここを通過した風が冷風となり、隙間を設けて積み上げられた石の間を通って風穴に入り、夏場でも氷点下にまで下げてくれるのです」

　氷穴として知られていたこの風穴を利用した蚕の卵(蚕種)の貯蔵所を、地元の養蚕家・庭屋静太郎が建設、1905(明治38)年に運営を始めた。

「冬の間に蚕種を貯蔵し、3月から9月にかけて養蚕家の要望により蔵出しすることで、それまで年1回が普通だった繭の収穫を多数回行うことを可能にしました。まだ電気冷蔵庫の普及しない時代、自然のレンタル冷蔵庫でした」(館長)。当時、全国で270カ所とも言われる風穴が利用されたが荒船はその最大のもので、蚕種は全国各地、遠く朝鮮半島からも運び込まれた。1913(大正2)年の記録では、蚕が卵を産み付けた台紙(種紙)の貯蔵能力は110万枚で、全国の約1割に上った。

　すでに富岡製糸場に始まる生糸の大量生産、田島弥平や高山社による蚕の飼育方法改善、普及が行われていた。「そこに荒船風穴などの貯蔵による蚕数の増加が加わり、日本の生糸の生産を世界一に押し上げ、絹の大衆化に寄与しました。それで2014年、世界文化遺産に登録されたのです」(同)。「電気冷蔵庫の普及などで昭和初期にはその役割を終えましたが、自然を活かした持続可能な産業遺跡です。ぜひ訪れてみてください」と続けた。

栃木

トロッコ列車が案内する先に広がる近代化の光と影

栃木県・日光市

足尾銅山観光／足尾歴史館

〈足尾銅山観光〉所 栃木県日光市足尾町通洞9-2 ☎ 0288-93-0189 交 わたらせ渓谷鉄道「通洞」駅から徒歩5分 P 有（無料） ¥ 大人820円、小中学生410円 時 9:00～16:30 休 無休
〈足尾歴史館〉所 栃木県日光市足尾町松原2825 ☎ 0288-93-3240（足尾銅山観光管理事務所） 交 わたらせ渓谷鉄道「通洞」駅から徒歩3分 P 有 ¥ 大人350円、小中学生250円 時 10:00～16:00 休 月曜（祝日の場合は翌日）※12～3月は休館

作業を人形で再現

わたらせ渓谷鉄道に揺られること1時間余り。車窓からの渓谷美を堪能し、左手に選鉱所跡が見えると、ほどなく通洞駅に着く。

まず通洞坑へ足を向けてみよう。坑内へと案内してくれるトロッコ列車を降りると、夏場でもひんやりしている。江戸初期に採掘の始まった銅山の坑道は総延長1234キロ。東京—博多間に匹敵する長さを誇る。通洞坑はその一部で、1896（明治29）年に当時の最新技術を用いて開さくされた。

順路に沿って進むと江戸時代の手掘り作業から、明治、大正、昭和と次第に機械化されていく様子が、人形を使って再現されている。

坑道を出たところにある鋳銭座では、江戸時代の寛永通宝のできるまでを展示。厳しい管理の下で鋳造されていたことが分かる。

日本初の水力発電所も

近くにある足尾歴史館は、全国的にも珍しいNPO法人が運営する歴史館だ。銅山全盛時代の写真をはじめ、ゆかりの人物の史料などを展示する。館長は「足尾と言えば公害、鉱毒事件。これまで負のイメージでしか語られてこなかった。しかし日本の近代化を支え、公害克服に取り組んだ歴史もあるんです」と話す。

東洋一の鉱都と言われ、1890（明治23）年には日本初の水力発電所が作られた。生協がはじめてできたのも足尾だという。

「煙害や山火事などではげ山になってしまった地域では、長年にわたって植林活動が行われています」

近くの親子スポット ★前日光牧場、童謡ふるさと館、草木ダム、小平の里鍾乳洞公園

人形で展示された作業の様子

（館長）。「環境問題の正と負、光と影の両面を併せ持つ足尾を知ってもらうため世界遺産登録を目指しています」と続けた。

歴史館の屋外展示場では、毎月第1土・日曜に、1953（昭和28）年ごろまで足尾の街中を路面電車のように走り回っていたガソリンカーの運行も行われる。

東京

戦後も終わらない戦傷病者の苦しみ保存し語り継ぐ

東京都・千代田区

しょうけい館

所 東京都千代田区九段南1-5-13 ツカキスクエア九段下
☎ 03-3234-7821
交 地下鉄各線「九段下」駅から徒歩1分、JR総武線「飯田橋」駅から徒歩10分
P 無
¥ 無料
時 10:00 ～ 17:00
休 月曜（祝日の場合は翌日）

190人以上の証言を閲覧

戦傷病者とその家族が戦中、戦後に体験したさまざまな労苦についての証言や資料を収集、保存し後世に語り継ぐため、国立施設として2006（平成18）年に開館した。約190人以上の証言が情報検索コーナーで自由に閲覧できる。

「厚労省による戦傷病者手帳の発行数は2015（平成27）年3月現在で1万冊強でした」。戦後70年が経ち、戦争体験者の数が減っていく現状を学芸員が話す。「今までは口を閉ざしていたけれど、90歳を超えてやはり話しておきたいと、新たに口を開く人も。そうした証言も含め幅広く集めています」という。

2階の展示室では、野戦病院のジオラマをはじめ、摘出された銃弾や打ち抜かれたメガネ、帽子などの実物資料を交え、徴兵から出征、戦場での受傷、帰国後の労苦などを紹介する。病院船氷川丸の映像も。

水木さんのイラストも

「占領下の1945（昭和20）年からサンフランシスコ講和条約発効翌年の53年まで、国による補償も打ち切られました。ようやく同年から恩給が復活しましたが、空白の間に背負った借金返済に充てなければならない人も大勢いました」と学芸員は説明する。寄贈のあった義足や義手に加え、片足漕ぎ用の自転車などの展示が痛々しい。

1階の一角には、ニューブリテン島のラバウル基地に配属され、左手を失った漫画家の故水木しげるさんの人生をたどった展示も。水木さん自身の筆になる出征の様子などのイ

近くの親子スポット ★昭和館、北の丸公園、科学技術館、東京国立近代美術館、東京国立近代美術館工芸館

戦傷病者の手当て、看護の様子を再現した「野戦病院」のジオラマ（2点ともしょうけい館提供）

ラストや、作品の一部が見られる。「実際に戦地を経験された人ならではのリアリティーに富んだ描写が見られます」（学芸員）。戦争を題材にした水木さんの「あぁ玉砕」「ああ太平洋」などの漫画なども閲覧でき、子どもたちには理解を深める助けになりそう。

学芸員は「自分と同じ目に遭って欲しくないという、戦傷病者の方々の平和への願いを感じ取っていただければ」と話している。

しょうけい館の入り口

東京

戦前から戦後まで戦争が影を落とす庶民の暮らし

東京都・千代田区

昭和館

所 東京都千代田区九段南1-6-1
☎ 03-3222-2577
交 地下鉄各線「九段下」駅から徒歩1分、JR「飯田橋」駅から徒歩10分
P 有（有料）※普通車のみ
¥ 常設展示室のみ大人300円、高大生150円、65歳以上270円
時 10:00 ～ 17:00
休 月曜（祝日の場合は翌日）

千人針に込めた思い

1935（昭和10）年ごろから1955（同30）年ごろまでの、国民の暮らしに焦点を当てた国立の博物館だ。常設展示室は7階が戦前、戦中。階段の踊り場に終戦を伝える新聞が張り出され、6階が戦後の混乱期の様子を伝えている。「所蔵品は約5万7000点に上ります」と担当者は話す。

まず、7階常設展示室の入口には千人針の実物が。「4銭（死線）を超える、9銭（苦戦）を免れるという願いを込めて五銭、十銭の貨幣も縫い込まれています」（担当者）。

統制下の暮らしのコーナーを見ると、金属供出を受けて登場した陶器製のフォークやボタン、さらにはアイロンまでが陶器製だ。「空襲への備え」では、防空壕模型での空襲体験や、空襲警報と警戒警報の違い、灯火管制などについて学べる。

「占領下の日本製」を刻印

戦後はまず墨塗りの教科書をじっくり眺めよう。どこが問題なのか分からない地図まで墨塗りにされていたりする。戦後すぐに輸出された陶器には「メイド イン オキュパイド ジャパン（占領下の日本製）」の刻印が。冷蔵庫、洗濯機、テレビの三種の神器が登場して展示が終わる。

担当者は「ポンプを使った井戸からの水くみやバケツでの運搬など、体験コーナーもぜひどうぞ」と話している。

同館が、戦前から戦後の国民の暮らしに焦点を当てているのに対し、近くにあるしょうけい館（戦傷病者

近くの親子スポット ★しょうけい館、北の丸公園、科学技術館、東京国立近代美術館、東京国立近代美術館工芸館

展示「銃後の備えと空襲」

（すべて昭和館提供）

昭和館の外観

「子どもたちの戦後」（制作：安部朱美）

史料館）は主として戦傷病者の史料を扱い、新宿区にある平和祈念展示資料館は兵士や抑留者、戦地からの引き揚げ者にスポットを当てている。ぜひ3館合わせて訪れたい。

東京

死の灰を浴びた乗組員と漁船が語る核時代の恐怖

東京都・江東区

第五福竜丸展示館

所 東京都江東区夢の島2-1-1 夢の島公園内
☎ 03-3521-8494
交 各線「新木場」駅から徒歩13分
P 有(無料)
¥ 無料
時 9:30 ～ 16:00
休 月曜(祝日の場合は翌日)

世論が保存を後押し

1954(昭和29)年3月1日、マーシャル諸島ビキニ環礁で行われた水爆実験で、マグロ漁船「第五福竜丸」の乗組員全員が死の灰を浴び、被ばくして60年以上が経過した。「事件の記憶のある世代は2割を切りました。ただ核兵器、原子力の問題は昔話ではなく、いまも人類が向き合っている課題です」。学芸員は話す。

同船は1947年建造。カツオ漁船からマグロ漁船に改造され遠洋に出向いていた。被ばく後の56年には東京水産大(当時)の練習船となり、老朽化で67年廃船。ゴミの島として知られた夢の島の沿岸に放置されていた。

「そのまま朽ち果てるところでしたが、広島の原爆ドームの永久保存が始まった時期と重なり、保存を呼び掛ける世論もあって、都が保存を決めたのです」(学芸員)

近くの親子スポット ★夢の島熱帯植物館、東京夢の島マリーナ手ぶらBBQステーション、葛西臨海公園

水爆実験により発生した多量の放射性降下物（死の灰）を浴びた第五福竜丸

乗組員に多い肝臓がん

展示館北側には「原水爆の被害者はわたしを最後にしてほしい」という同船無線長だった久保山愛吉の言葉の碑が立つ。

「事件の直後に亡くなったのは久保山さん1人でしたが、乗組員23人のうちこれまでに亡くなられた18人の死因は肝臓がんが多い。被ばくの影響や、被ばく後の放射線障害治療のための輸血でC型肝炎に罹患した人が多かったためです」（同）。「その意味で事件は終わっていません」とも。

被害の実態を知ってもらうためにも、同館では訪れた人に約20分、ボランティアによるガイドが行われる。「実物を見て、再び惨禍が起こらないよう思いを新たにしてもらいたいですね」。学芸員は願っている。

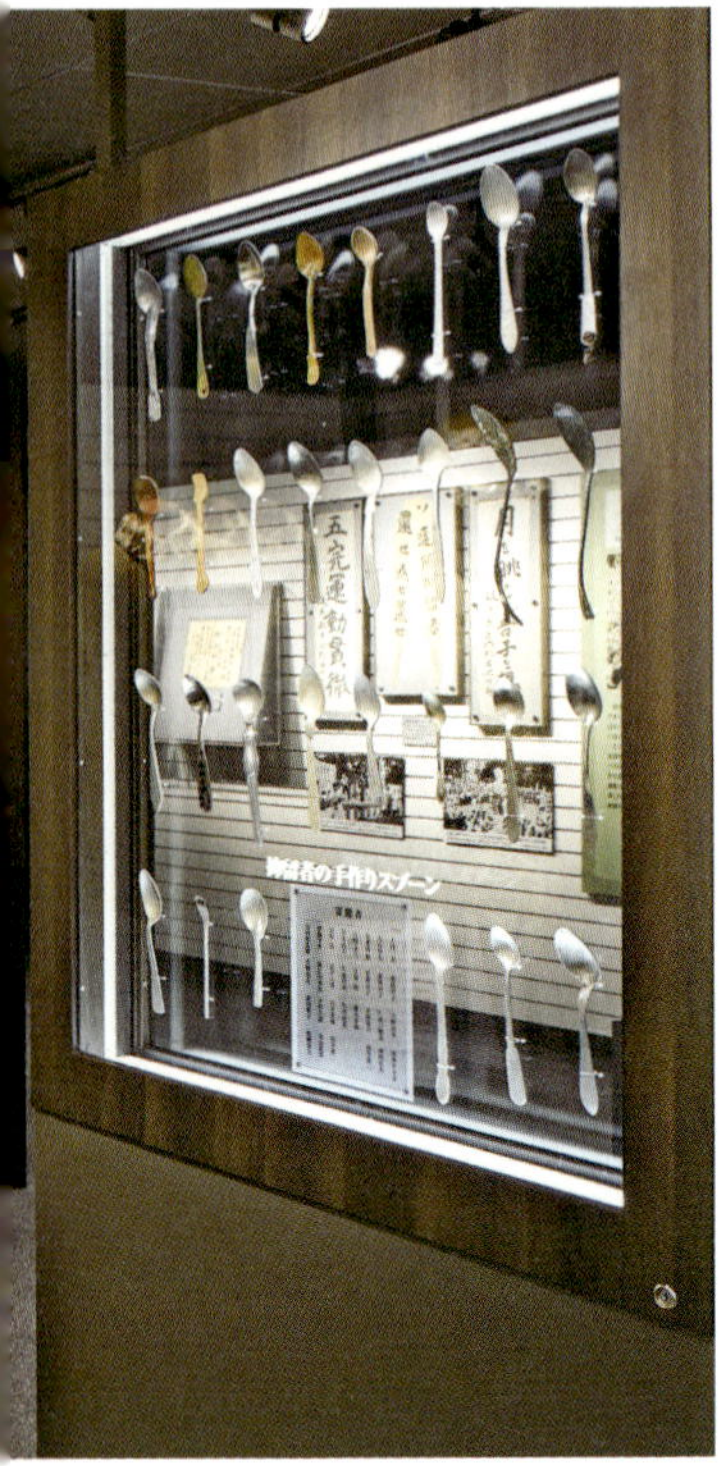

東京

戦争が生んだ悲劇 シベリア抑留や 引揚者の苦労を知る

東京都・新宿区

平和祈念展示資料館

所 東京都新宿区西新宿2-6-1 新宿住友ビル33階
☎ 03-5323-8709
交 都営大江戸線「都庁前」駅から徒歩3分、東京メトロ丸ノ内線「西新宿」駅から徒歩7分
P 無
¥ 無料
時 9:30 ～ 17:00
休 月曜（祝日の場合は翌日）

生死を分けた赤紙配達

第二次世界大戦における兵士、戦後の強制抑留者、海外からの引揚者。3つの分野に分けて、関係者の労苦を次の世代に語り継いでいくため、実物資料や映像を展示する一方、関係者によるトークイベントなどを数多く開いている。

兵士コーナーには、臨時召集令状、いわゆる赤紙の現物があった。「作戦の漏えいなどを防ぐため、赤紙は部隊で集められ、廃棄されることが多く、現物で残っている数少ない1点です」と説明してくれたのは資料館学芸マネジャー。「令状が届いたのは終戦4カ月前のことです。受け取り主は電報配達の不備などで集合時間に間に合わず、部隊は中国へ出発した後でした。その部隊を乗せた輸送船は米潜水艦の魚雷攻撃で沈没しました」と話す。

近くの親子スポット ★新宿中央公園、東京都庁展望室、東郷青児記念 損保ジャパン日本興亜美術館

抑留者が着ていた外套や手づくりしたスプーンの実物が並ぶ（平和祈念展示資料館提供）

外套の袖とパンを交換

戦後抑留者コーナーではシベリア抑留者が持ち帰った袖無しの防寒外套《がいとう》が痛ましい。「零下30〜40度にもなるシベリアの冬ですが、飢えの方が深刻で、現地の労働者のパンと外套の袖を交換したそうです」。抑留者が手づくりした木のスプーンなども間近に見ることができる。

海外からの引揚げコーナーでは母親が娘のために手づくりしたワンピースなどを展示。「引揚げ途中で亡くなった赤ちゃんの形見のおむつで作られています。母親の胸中を推し量ってみてください」と学芸マネジャーは話した。

これらの常設展示に加え、戦後の労苦に関する映像作品が週替わりで上映されたり、語り部によるお話会が定期的に催されたりしており、ホームページなどでスケジュールを調べて足を運びたい。

東京

1万人の住所と死亡場所を結んだ命の最後の軌跡

東京都・江東区

東京大空襲・戦災資料センター

所 東京都江東区北砂1-5-4
☎ 03-5857-5631
交 JR山手線・京浜東北線「秋葉原」駅または東京メトロ半蔵門線・都営地下鉄大江戸線「清澄白河」駅から都バスで「北砂1丁目」下車、徒歩2分
P 無
¥ 大人300円、中高校生200円
時 12:00 ～ 16:00
休 月・火曜

焼夷弾のすさまじさ

「戦争の見方は、立場によってさまざまだと思います。ただ庶民が体験したことが、戦争の本質を一番表しているんじゃないでしょうか」。戦争体験者の一人は、2階に展示されている焼夷弾の残骸を持ち上げながら話した。

国民学校3年生当時、亀戸で東京大空襲を経験した。「赤い滝のようだったと話す人もいます。焼夷弾につけられた布が燃えながら落ちて来て、アッという間に燃え広がるんですね」。同じフロアに「焼夷弾の消火は簡単」と宣伝する資料も展示されている。「みんな信じて消そうとしたんですよ」

センターは「東京空襲を記録する会」が1970（昭和45）年から集めて来た資料などを展示する。99年に都の「平和祈念館」建設計画が凍結になったことから、民間の募金などを呼び掛け2002年に開館にこぎ着けた。

個人史から戦争を理解

展示してある「命の被災地図」は計100回にも及ぶ空襲で死亡した人のうち、1万人の当時の住所と死亡場所を結んだ。「言問橋、菊川橋、二葉小学校など多くの死者が出た場所に、逃げ惑った人々が集まったことが分かります。命の最後の軌跡を表したいとの思いを込めました」。制作にあたった研究員は話す。

「時空間マップ」は5人の空襲体験者が戦前から戦後の暮らしまで、自身の生き様を71のエピソードで語る。研究員は「戦争体験だけを切り取って話しても、伝わらなくなってきた。戦争の背景、戦後の暮らしなどの知識が時代が進むにつれて共有できなくなってきたためです。5人の個人史を通じて、戦争が今にどうつながっているのか、理解を深めてほしい」と話している。

近くの親子スポット　★深川江戸資料館、横十間川親水公園、猿江恩賜公園、アリオ北砂（ショッピングセンター）

千葉

戦時中に掘られた 全長1.6キロの地下壕 保存状態も全国有数

千葉県・館山市

赤山地下壕《ごう》跡

所 千葉県館山市宮城192-1
☎ 0470-24-1911
交 富津館山自動車道「富浦」ICから約8km
P 有（無料）
¥ 大人200円、小中高校生100円
時 9:30 ～ 15:30
休 毎月第3火曜（祝日の場合は翌日）

3000人が避難可能

こんもりと茂った赤山（高さ61メートル）の麓にある入り口をくぐると、湿気を帯びた冷気に包まれた。

「夏場は22度、冬でも18度ぐらい。年間通じてほとんど気温が変わりません」。案内してくれた館山市教委の担当者が話す。

壕が掘られた時期は定かでないが、館山に置かれた海軍航空隊の軍人ら3000人が避難、生活もできるように、1944（昭和19）年の秋から工事が始まった、との説が有力だ。

幅10メートルほど、奥行き20メートル前後の「部屋」がいくつも、縦横に走る幅2メートルほどの通路で結ばれている。「部屋」の部分も含めて全長1・6キロだ。終戦まで掘られ続けていたといい、未完成のまま工事は中断したようだ。

公開は250メートル

「計画では掘られた壕の上にさらに2層の壕を掘る予定だったとされます。上に向かって掘ろうとした痕跡も残っています」（担当者）。「発電設備の跡があり、『地下壕で給料の計算をした』『服が大量に置かれていた』などの証言があります」という。

B－29による空爆はなかったが、艦載機による攻撃は受けた館山。戦局が厳しさを増す中で、壕にこもって業務が行われていたことがしのばれる。

砂岩、凝灰岩が主体で風化しにくく、保存状態は全国でも有数だ。それでも崩落の危険があるため、現在公開されているのは250メートルだが、関東では最長だ。

「公開のための調査が入る前はマッシュルームが栽培されたり、子どもたちの格好の『秘密基地』になっていたようです。もう奥までは入れなくなりましたが、貴重な歴史遺産を守っていきたいですね」と担当者は話している。

近くの親子スポット ★城山公園、渚の駅たてやま・渚の博物館、洲ノ崎灯台、西岬海水浴場、相浜海水浴場

神奈川

秘密兵器の元研究所 日本軍の暗部を暴き 科学者の倫理も問う

神奈川県・川崎市

明治大学平和教育登戸研究所資料館

所 神奈川県川崎市多摩区東三田1-1-1
明治大学生田キャンパス内
☎ 044-934-7993
交 小田急線「生田」駅から徒歩15分
P 無
¥ 無料
時 10:00～16:00
休 日～火曜

生物兵器を実用化

風船爆弾や怪力電波、生物兵器や偽造紙幣―。旧日本陸軍が秘密戦のための兵器などを開発するため1937（昭和12）年に設けられたのが陸軍科学研究所登戸実験場（名称はその後数回変更、通称登戸研究所）だ。一般にはその存在は秘密にされていたが、最盛期の1944（同19）年には敷地約36万平方メートル、建物100棟の大施設となっていた。

明治大が1950（同25）年、敷地の半分を取得し、現在、工学部、農学部がある生田校舎となっている。資料館は、対植物用生物兵器の研究を行っていた施設を保存・活用、軍の暗部を担った研究所の歴史などを展示している。

「風船爆弾は和紙をこんにゃくのりで貼り合わせたものですが、高度一万メートルでジェット気流に乗せ、気圧信管など精密な技術を駆使して高度を維持する、漫画チックなイメージとはかけ離れた兵器でした」。同資料館館長は話す。「偽造紙幣は中国で使われ、怪力電波も小動物殺傷には成功したようです。風船爆弾に積む牛疫ウイルスも実用化されましたが、報復攻撃を受けると日本の方が被害が大きくなるとの理由で使用は見送られました」。

高校生が事実を発掘

こうした研究所の実情は戦後長らく明らかにならなかった。証拠資料は隠滅され、関係者も口を閉ざしたためだ。

「それを発掘していったのは川崎市と同研究所の疎開先だった長野県の高校生なんです」と館長。

近くの親子スポット ★川崎市立日本民家園、川崎市岡本太郎美術館、かわさき宙（そら）と緑の科学館、藤子・F・不二雄ミュージアム

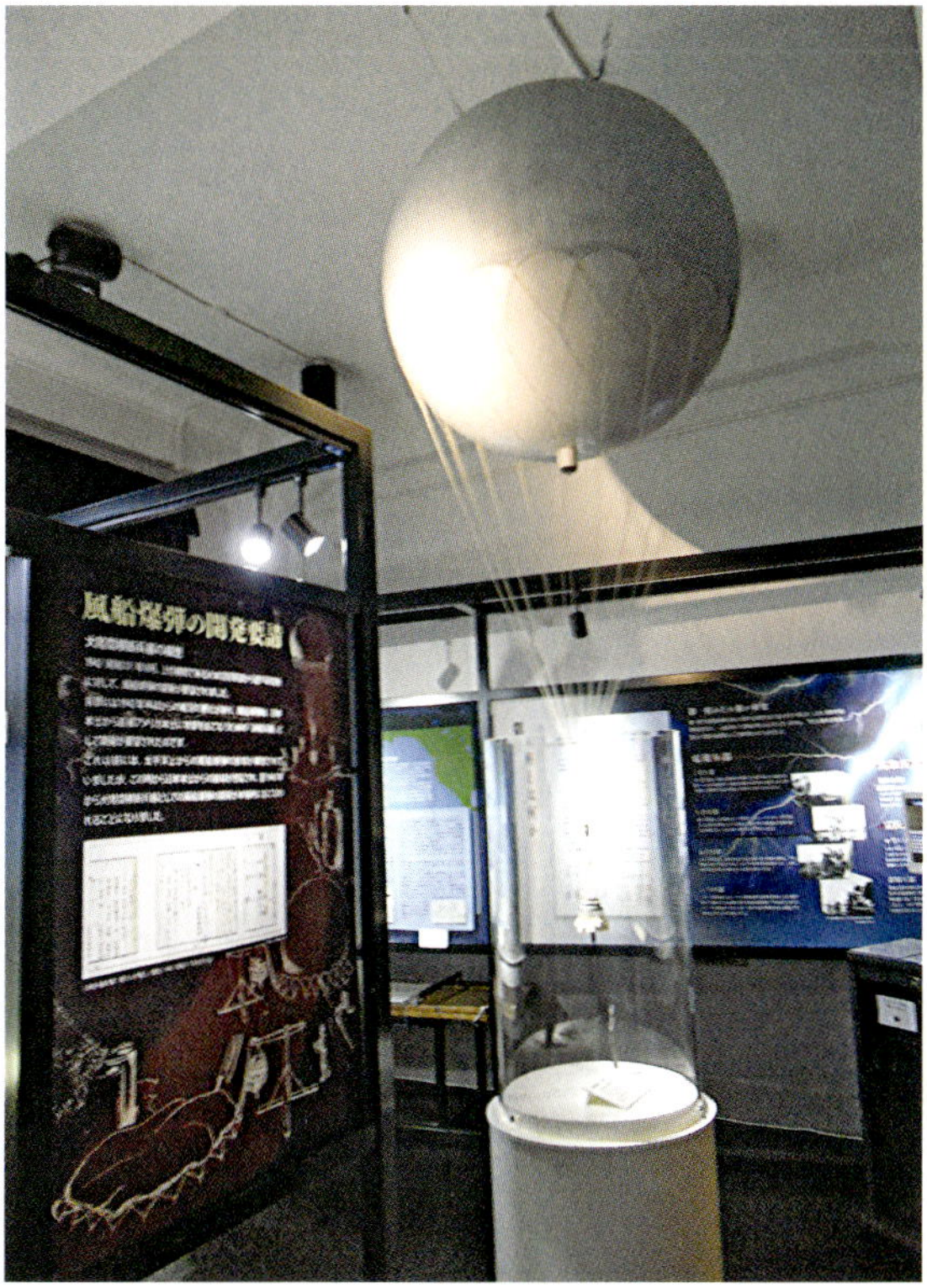

展示されている風船爆弾の模型。かなりの精密機器だった

「1980年代、聞き取り調査を始めた長野県・赤穂高校の生徒らに、スパイ機材開発担当の第2科第1班の班長だった伴繁雄元少佐が重い口を開き、初めて組織の全容が判明。これを受けて、元所員らから要望が出され、資料館設置にもつながりました」という。

資料館にはこうした史実発掘の経緯も展示され、戦争の本質を語り継ぐことの大切さを訴えている。旧日本軍の研究施設を使った全国唯一の資料館でもある。館長は「過去の戦争の裏面を知るだけでなく、科学者と倫理といった極めて現代的な問題を考える場としても活用してください」と話している。

東京

北斎ら名だたる絵師の作品1万4千点を所蔵 数少ない浮世絵専門館

東京都・渋谷区

太田記念美術館

所 東京都渋谷区神宮前1-10-10
☎ 03-5777-8600（ハローダイヤル）
交 JR山手線「原宿」駅から徒歩5分、東京メトロ千代田線・副都心線「明治神宮前」駅から徒歩3分
P 無
¥ 大人700円、高大学生500円
時 10:30 ～ 17:00
休 月曜（祝日の場合は翌日）

個人コレクションから

旧東邦生命の社長、会長を務めた太田清藏（5代目、1893～1977年）は、大正から昭和にかけて1万点を超える浮世絵を収集した。没後、そのコレクションを公開するため美術館が設立され、その後購入したたものを加え、1万4000点を所蔵する。

「明治から昭和にかけての実業家には、古美術品などを収集した人物も少なくありませんが、浮世絵は庶民のものだったためコレクションの対象にはなっていませんでした」。主任学芸員は話し、「しかし自身も画家を志したことがある太田氏は浮世絵に興味を持っていました。さらに新婚旅行で訪れたシカゴの美術館で、葛飾北斎の花鳥画が展示されているのを見て、日本の文化が日本で見られなくなるようなことがないよう、収集に一層力を注いだとされます」と続けた。

江戸庶民の娯楽

所蔵品は、葛飾北斎、歌川広重、喜多川歌磨、東洲斎写楽ら歴史に残る浮世絵師の主要な版画、肉筆画を網羅し、企画展や特別展を含め、毎月展示替えを行う。常時、浮世絵が見られる日本でも数少ない美術館で、「いつ来られても浮世絵の魅力を発見できる。そういう展示を心掛けています」という。

「庶民の娯楽として作られたものですから、気軽に楽しんでもらい、江戸の庶民に共感してもらえるのが一番ですね」と学芸員は続けた。

担当の学芸員によるスライドトークも行われることがあるので、ホー

近くの親子スポット ★代々木公園、表参道ヒルズ（ショッピングセンター）、竹下通り

浮世絵を常時見られる展示

太田記念美術館の外観
（2点とも太田記念美術館提供）

ムページなどで開催日を調べて出掛けたい。

東京

震災や戦争で途切れ 復活を繰り返した 国技の歴史と迫力

東京都・墨田区

相撲博物館・国技館

所 東京都墨田区横網1-3-28 国技館1階
☎ 03-3622-0366
交 JR総武線「両国」駅から徒歩1分、都営大江戸線「両国」駅から徒歩5分
P 無
¥ 無料（東京本場所中は大相撲の観覧券が必要）
時 10:00 ～ 16:00
休 土・日曜、祝日

興行の両国固定は江戸後期から

とにかく、一度は生で見てみたいものだ。

土俵で繰り広げられる迫力ある取組以外にも、花道を歩く力士の息遣いや、呼出しの声、行司の所作などテレビを通じて観るのと違った趣がありそうだ。

「大相撲の興行が両国に固定されたのは江戸後期なんです」と相撲博物館の担当者は話す。浅草、芝などでも開かれていたが、「当時一番の盛り場だった両国が常打ちの場に選ばれたようです」。

最初の国技館が建設されたのは1909（明治42）年。東洋一のドーム型建築といわれた。しかし震災や空襲などで何度も焼け、戦後はGHQ（連合国軍総司令部）に接収されるなどし、1946（昭和21）年を最後に相撲興行は行われなかった。

その後、東京での本場所は長らく蔵前国技館で開かれたが、やはり両国でという関係者の思いもあって1985（昭和60）年新国技館が完成した。天井がなくむき出しの鉄骨でドームを作り、伊勢神宮の社殿を模した神明造りの屋形が吊り下げられている。

3万点以上の所蔵品に年6回のテーマ展示

国技館1階の相撲博物館では、古い番付や錦絵、化粧廻しなど3万点を超える所蔵品を年6回のテーマ展示で公開している。

歴代横綱の肖像は、初代明石志賀之助、2代綾川五郎次が想像画、1890（明治23）年の初代西ノ海

近くの親子スポット ★江戸東京博物館、旧安田庭園、NTTドコモ歴史展示スクエア（科学館）、すみだ北斎美術館、両国花火資料館

展示テーマの合わせ、歴代の人気力士の写真や化粧廻しが展示される

3万点を超える相撲関連の資料を所蔵し年6回のテーマ展示を実施する
(2点とも日本相撲協会提供)

嘉治郎から写真が登場する。「『お父さんの子どものころは、○○が強かったんだぞ』などと親子で話しながら見ていただきたいですね」と担当者は話している。

東京

江戸から昭和まで
歴史的な建物を移築
遊びや生活も体験

東京都・小金井市

江戸東京たてもの園

所 東京都小金井市桜町3-7-1 ☎042-388-3300 交 JR中央線「武蔵小金井」駅または西武新宿線「花小金井」駅から西武バスで「小金井公園西口」下車、徒歩5分 P 有(有料) ¥ 大人400円、大学320円、中高生200円(都内在学または在住の中学生は無料)、65歳以上200円 時 9:30 ～ 17:00 (10 ～ 3月は～ 16:00) 休 月曜(祝日の場合は翌日)

移築復元された高橋是清邸の一部。2階の部屋が暗殺の現場になった

園の入口近くにあるしっかりした造りの木造住宅が1936（昭和11）年の二・二六事件で暗殺された高橋是清の邸宅だ。2階に上がると現場となった和室があった。

「主要部分が戦前に多磨霊園に移築されていたため戦災を免れました。総栂《つが》普請、見事な建物です」。ボランティアガイドが、さまざまなエピソードなどを交えながら、邸宅の間取りの特徴などを説明してくれた。見下ろすと是清が好んで散歩した庭園の一部が復元されている。

都内で保存が不可能になった建物を集めて開かれた同園。「全てが移築復元によるものです」と担当者は話す。「移す建物をパーツに分けた上で部材などの調査を行い、使えるものは使い、使えないものは復元する。移築復元まで5年かかるものもありました」と感慨深げだ。このため、新宿区にあった明治～大正期の洋館デ・ラランデ邸宅の移築復元で30棟の建物がそろうまで、20年の歳月を要した。

園内は3つのゾーンに分かれる。大正から昭和の下町を再現した東ゾーン、有名な住宅建築が並ぶセンターゾーン、農家が中心の西ゾーンだ。「建物だけでなく、当時の文化を伝えていきたいんです」と担当者。下町ゾーンでは昔の遊びのイベントが催され、農家では囲炉裏を囲むなど、様々な体験ができる。

来訪者は子どもたちだけでなく、建築を学ぶ学生から歴史好きのシニアまで幅広い。「年配の方には懐かしく感じていただき、子どもたちには新鮮な感動を。そんな園にしたいと思っています」と担当者も話す。登録者200人というボランティアが活動を支え、定時ガイドも。ウィットの効いた説明が堪能できそうだ。

近くの親子スポット ★小金井公園、東京農工大学 科学博物館、多摩六都科学館

東京

40年余りをかけて仲村不折が集めた日中の書道・漢字史料

東京都・台東区

台東区立書道博物館

所 東京都台東区根岸2-10-4 ☎03-3872-2645 交 JR山手線・京浜東北線「鶯谷」駅から徒歩5分 P 無 ¥ 大人500円、小中高生250円 時 9:30 ～ 16:00 休 月曜（祝日の場合は翌日）

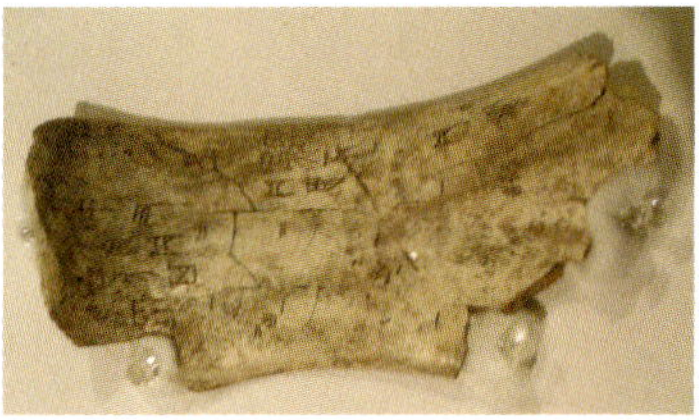

亀甲獣骨文字は現存する漢字の最古のものだ

洋画家であり書家でもあった中村不折（ふせつ、1866～1943）は明治の中ごろから40年余りをかけて中国と日本の書道、漢字に関する史料を収集した。

「きっかけは正岡子規とともに日清戦争に従軍したことにありました」と主任研究員は話す。「子規が記者、不折は画家として従軍しましたが、すでに休戦状態。この機会に不折は半年をかけて中国、朝鮮半島を旅し、考古資料を日本に持ち帰ったのです」

その後不折は一度も中国に渡っていないが、商人や古書店を通じて収集を続けた。

「金持ちだったんですね」と尋ねると、「いえ」と主任研究員。「本職は洋画家ですが、日本画や書も多く制作しています。これを売って考古資料を購入し続けたのです」

殷時代の亀甲獣骨文から始まり、青銅器、仏像、墓誌などコレクションは多岐にわたる。三国志や論語の写本など敦煌文書と呼ばれる重要文化財12点も含まれている。

不折はこれらを展示するために自費で博物館を建設、1936（昭和11）年に開館する。「関東大震災の経験から、火災の被害を恐れ、個人の建築としては当時、極めて珍しい耐火構造鉄筋コンクリート造りでした。不折が亡くなった2年後、自身の家は空襲で焼けてしまいましたが、博物館と所蔵品は無事でした」という。

「一般の博物館の場合、例えば仏像ならその本体が主役ですが、不折はその台座や光背に刻まれた文字に着目。篆書から隷書、楷書の完成に至るまで漢字の歴史を、レプリカではなく実物でたどることができます」と主任研究員は話し、「もちろん不折の洋画なども展示しています。彼の書も味わいがありますよ」と続けた。

近くの親子スポット ★東京国立博物館、東京都美術館、上野恩賜公園、上野動物園

神奈川

重厚な古民家とともに味わう農村の暮らし鮮やかな季節の移ろい

神奈川県・川崎市

川崎市立日本民家園

所 神奈川県川崎市多摩区枡形7-1-1 ☎ 044-922-2181 交 小田急線「向ヶ丘遊園」駅から徒歩13分または川崎市バスで「生田緑地入口」下車、徒歩3分 P 有（有料） ¥ 大人500円、高大学生・65歳以上300円 時 9:30 ～ 17:00（11～2月は～ 16:30） 休 月曜（祝日の場合は開園）、祝日の翌日の平日

国の重要文化財に指定されている合掌造り民家などが園内では見られる

民話や民具着用も

急速に失われつつある古民家を将来に残そうと1967（昭和42）年に開園した古民家の野外博物館。東日本の代表的な民家を中心として、水車小屋、船頭小屋、高倉、農村歌舞伎舞台などを見ることができる。

「国指定や神奈川県指定の重要文化財（重文）などを含む25の建物だけでなく、囲炉裏《いろり》を囲んでの昔話や民具着用体験、茶会の他季節に応じた展示を楽しめます」（広報担当者）

入り口近くの「旧原家住宅」前では、ボランティアグループ「炉端の会」のメンバーによるガイドも始まり、一般入園者は説明に聞き入っていた。築103年の旧原家住宅は、江戸時代の流れをくむ木造建築技術が高度に発達した、明治時代後期の建物。完成まで22年の歳月を費やした豪壮な2階建て民家だ。

五箇山の合掌造り

「宿場」を通ると、「信越の村」が見えてくる。「旧江向家住宅」は富山県南砺市から移築された、いわゆる五箇山の合掌造り民家で、国の重文に指定。「合掌造りの家は迫力があり、人気のスポット。雪の降る中、古民家を狙って写真を撮りにくる方もいらっしゃいます」（同）

そして「関東の村」「神奈川の村」「東北の村」、西門へと続く。広報担当者は「民家を通した生田緑地の借景もきれい。季節の移り変わりや日々の移ろいの変化が感じられます」と話している。

（写真は川崎市立日本民家園提供）

近くの親子スポット ★川崎市岡本太郎美術館、かわさき宙（そら）と緑の科学館、藤子・F・不二雄ミュージアム、明治大学平和教育登戸研究所資料館

群馬

操業中の工場で 歴代の機械を見学 織る作業も体験

群馬県・桐生市

織物参考館「紫《ゆかり》」

所 群馬県桐生市東4-2-24 ☎0277-45-3111 交 JR両毛線「桐生」駅から徒歩15分 P 無 ¥ 大人700円、大学生600円、中高学生500円、小学生400円 時 10:00～16:00 休 月曜

昔ながらの機織りが体験できる

京都と並ぶブランド力

戦国時代、「縁起がいい」とされ武将の幟旗《のぼりばた》に多く用いられた桐生の白生地。江戸時代にも将軍家に品を納め、お召し機屋として、朝廷に納めた京都と並び、ブランド力を高めたと言われる。

現在も桐生市内に大小含めて50ほどあるノコギリ屋根が織物工場だ。和装の衰退で厳しい環境の中、他品種少量生産で小回りが利くところを生かして、生き残りを図っている。

織物参考館「紫」は1877（明治10）年創業の森秀織物の、1924（大正13）年に建設された工場の一角に設けられている。工場は現在も操業中でその様子も見学できる。

「天窓は北側に向いています。直射日光で糸や布地が劣化するのを防ぐとともに、明るさを一定にして布地の色などを判別しやすくするためです」。案内担当者が教えてくれた。横の磨りガラスの窓枠には鉄格子もはまっている。「どういうものを織っているか秘密にするためです。当時から産業スパイめいた活動はあったんですね」という。

館内には復元された紀元前6世紀ごろの織り機のほか、5世紀ごろから江戸時代まで活躍した空引機、19世紀に大量生産を可能にしたジャカード織機など多くの機械が展示されており、一部は自分で体験操作することができる。ところでこうした織機は、工場で稼働中のコンピューター制御の織機を含め、基本的な機械の形はあまり変わらない。「縦糸と横糸で織るという織物の基本が古くに確立したせいでしょう」と工場関係者が話してくれた。

見学の最後には、藍染めの体験もできる。ハンカチ小で680円、Tシャツで2580円から。15分から25分程度で乾くので、オリジナルの製作に挑戦したい。

近くの親子スポット ★桐生が岡動物園、桐生が岡遊園地、水道山公園、岩宿遺跡

埼玉

長い月日を費やす 世界でも人気の芸術 名品の聖地に開館

埼玉県・さいたま市

さいたま市 大宮盆栽美術館

所 埼玉県さいたま市北区土呂町2-24-3
☎ 048-780-2091
交 JR宇都宮線「土呂」駅から徒歩5分、東武アーバンパークライン「大宮公園」駅から徒歩10分
P 有（2時間まで無料）
¥ 大人300円、高大生・65歳以上150円、小中学生100円
時 9:00～16:00（11月～2月は～15:30）
休 木曜（祝日の場合は開館）

落葉樹やスギも

　江戸時代から団子坂周辺（現東京都文京区千駄木）に集まった植木職人から盆栽専門業者が生まれた。しかし関東大震災で被害を受け、多くが育成に適した土地を求めて大宮に移り住んだのが盆栽村だ。「最盛期には約30の盆栽園がありました。今でも名品の聖地として世界中から愛好者が訪れています」。美術館の担当者が説明してくれた。

　その文化を広く発信し、多くの人に親しんでもらおうと2010（平成22）年に開館した。盆栽約100点のほか、盆器、水石などを所蔵、展示している。

　館内のギャラリーには週替わりで9点の盆栽があり、さらに真・行・草という3つの形式の床の間には、それぞれの格式に応じた盆栽や掛け軸が展示されている。一方、庭園では常に50点ほどの盆栽が鑑賞できる。盆栽と聞くと、五葉松を思い浮かべてしまうが、園内にはもみじ、花梨などの落葉樹も多く、真っすぐの伸びたスギなども多彩だ。

外国では若者に人気

　鑑賞の仕方を尋ねると、「まず、先入観を持たずに、自分の好みを見つけてください。上から見下ろすのではなく、盆栽の真ん中より下から眺めてください」と担当者。盆器に凝縮された自然の情景をイメージすることが大切だ。その上で、個々の部分については、ギャラリー入口に展示されている「根張り」「立ち上がり」「枝ぶり」などの説明を参考にしたい。

　「日本ではシニアの趣味のように

近くの親子スポット ★鉄道博物館、造幣局さいたま支局、三橋総合公園、大宮公園、コクーンシティ（ショッピングセンター）

銘のあるものも多く展示されている盆栽美術館の庭園

受け取られがちですが、外国では若い人に人気があります。世界で一番、と言えるところがこんなに身近にあります。かしこまらずにお気軽にどうぞ」。「水やり、剪定、針金掛けなど、苗木の頃から手を加えて、作品によっては何十年もかかります。一代では完成せず、世代をまたいで受け継がれる生きた芸術をご覧になってみてください」と担当者。

「毎月第4日曜には、小中学生対象のワークショップ（有料、内容によって料金が異なる）が開かれ、親子で参加できます。小さい盆栽づくりなどを行うもので、詳細はホームページでご確認のうえ、ぜひお申し込みください」と話している。

栃木

荘厳な歴史に包まれ 論語ファンが集う 日本最古の学校

栃木県・足利市

史跡足利学校

所 栃木県足利市昌平町2338
☎ 0284-41-2655
交 JR両毛線「足利」駅から徒歩10分、東武「足利市」駅から徒歩15分
P 太平記館に有（無料）
¥ 大人420円、高校生210円
時 9:00 ～ 16:30（10 ～ 3月は～ 16:00）
休 毎月第３月曜（祝日の場合は翌日）

文化庁の日本遺産に認定

「子曰《い》わく、吾《われ》十有五にして学に志す…」。中国春秋時代（紀元前8～5世紀）の思想家・孔子の言行や問答を収録した論語の一節だ。日本最古の学校と言われ、古来、論語教育が行われてきた「足利学校跡」（国指定史跡）には全国の論語ファンが詣でる。2015年には近世日本の教育遺産群として、水戸市の旧弘道館などとともに文化庁の日本遺産に認定されている。また世界遺産登録を目指す活動も行われている。

創建については諸説あり、歴史がはっきりしているのは室町時代中期以降だ。関東管領になった上杉憲実が学校を整備し、書籍の寄進などを行った。16世紀初頭には「学徒3千」といわれ、フランシスコ・ザビエルによって海外にも紹介された。

地元では今も論語の素読

現在でも足利市では全小中学校で論語の素読を取り入れている。「素読とは文章をそのまま声を出して読むこと。解釈や説明はしません。教えないことで自発的な学びの心が養われるのです」と担当の学芸員が説明してくれた。足利学校でも4月から11月までのほぼ毎日曜（8月をのぞく）、この素読が体験できる。「参加された子どもたちは歴史的な雰囲気の中で、人間力を身につけられます」という。

「入徳門」「学校門」「杏壇門」と3つの門をくぐると中国明様式の孔子廟《びょう》に出る。歴史に包まれた学舎には、講義の場である方丈、学生の寄宿舎だった衆寮や庭園、庠主（校長）の墓など見どころも多い。読め

近くの親子スポット ★足利氏宅跡（史跡）、金山総合公園ぐんまこどもの国、織姫公園

池を中心に老松や巨石が特徴的な南庭園(上下とも史跡足利学校提供)

静かなたたずまいを見せる室内

ない字を教えてくれるという伝説の「字降松《かなふり》」も残る。

庫裡《くり》の前に不思議な器がつるされていた。ほどよく水を入れると水平を保つが、入れすぎた途端にクルリとひっくり返る〟中庸を体験できる「宥《ゆう》座《ざ》之《の》器《き》」だ。「過ぎたるは猶《なお》及ばざるが如《ごと》し…」。論語の教えは現代の子どもにも大人にも通ずる。

東京

吉宗が鷹狩りで訪れ庶民の遊楽地に整備日本初の公園指定も

東京都・北区

飛鳥山公園・北区飛鳥山博物館

所 東京都北区王子1-1-3
☎ 03-3908-9275（土木部道路公園課公園河川係）
交 JR京浜東北線「王子」駅中央口か南口からすぐ、都電荒川線「飛鳥山」「王子駅前」駅からすぐ
P 有（無料）
¥ 無料（博物館は大人300円、小中高生100円）
時 常時開園
休 無休（博物館は毎週月曜）

ヤマザクラを植樹

「江戸時代、上野が夜桜見物禁止で、太鼓などの鳴り物も許されなかったのに対して、飛鳥山は制約なしに楽しめたようです」。北区飛鳥山博物館の学芸員は話す。

5代将軍綱吉が禁止した鷹狩りを、8代将軍吉宗が復活させた。江戸近郊に鷹場が設けられ、同時に将軍が休むための御膳所も整備された。その一つが飛鳥山近くにあり、この地をよく訪れた吉宗は同所を庶民の遊楽の場にしたのだ。1720～21（享保5～6）年にはヤマザクラ1270本が植えられた。

「公園史をひもといても、公の手でこうした遊園開発が庶民のためになされたのは、欧州より1世紀以上も早いんです」「近くに王子権現、王子稲荷、滝野川弁天などがあり、日本橋から2里（8キロ）余り、というのもぎりぎり日帰りできる距離。

近くの親子スポット ★紙の博物館、お札ときっての博物館、名主の滝公園、音無親水公園

徳川吉宗の事跡をたたえた碑も残る飛鳥山公園

明け方から重箱や酒だるを担いで来られたようです」(同)

地元の歴史や風土も

1873(明治6)年には、太政官布達により「芝、浅草、上野、深川」とともに日本初の「公園」に指定された。

「吉宗時代に植えられたヤマザクラは残っていませんが、園内にはソメイヨシノなど約650本が植わっています。都心より数日遅く咲き始め、日当たり加減で開花がずれ、長く花見が楽しめますよ」という。

園内にある北区飛鳥山博物館は地元の歴史や風土を紹介。大きいものは1㍍にもなる練馬大根、滝野川人参、滝野川牛蒡も。最近では見たことがない方も少なくないのでは。

JR王子駅前から「アスカルゴ」の愛称で呼ばれるパークレールで登り、帰りは都電荒川線(飛鳥山駅)に乗るのも一興だろう。

東京

黄門さまも愛した回遊式の大名庭園 京への憧憬も漂う

東京都・文京区

小石川後楽園

所 東京都文京区後楽1
☎ 03-3811-3015
交 都営地下鉄大江戸線「飯田橋」駅から徒歩3分、JR総武線・東京メトロ各線「飯田橋」駅から徒歩8分
P 無
¥ 中学生以上300円（都内在住・在学の中学生は無料）、65歳以上150円
時 9:00 ～ 16:30
休 無休

大泉水を琵琶湖に見立て

5月の雨上がりに訪れると濡れた森の緑は色濃く見えた。木漏れ日の中を歩くと思わず深呼吸したくなる。あちこちに画架を立てて写生をする人の姿が見られた。

「徳川水戸家の初代頼房の時に造成が始まり、光圀の代に完成しました。頼房と仲のよかった3代将軍家光の意見も取り入れられたといわれます」と小石川後楽園サービスセンター長は話す。

池を中心にした回遊式の造りは、大名庭園の典型で、国の特別史跡、特別名勝の2重指定を受けている。国内でも金閣寺などわずか8カ所で関東ではここと浜離宮恩賜庭園だけだ。

水戸藩中屋敷（後に上屋敷）そのものは、東京ドームの辺りにあり、庭への入口は、現在の庭園の奥にある唐門（焼失）だった。門をくぐってすぐの坂道は木曽路に、登った先に開ける池（大泉水）は琵琶湖に見立てられている。大泉水の向こう側には京都・嵐山の渡月橋や清水寺を意識した清水観音堂が姿を現す。「こうした工夫には頼房や光圀の京への憧憬も感じられます」（サービスセンター長）。

中国色豊かな構造物

光圀はまた、明から亡命してきた儒学者朱舜水《しゅしゅんすい》を敬愛、造園についても影響を受けた。円月橋や西湖の堤など中国色豊かな構造物が各所にちりばめられているのはこのためだ。

「後楽園という名も、北宋の文人范仲淹《はんちゅうえん》の岳陽楼記にある『先憂後楽』から引用したものです」とサービス

近くの親子スポット ★東京ドームシティ（複合レジャー施設）、東京理科大学近代科学資料館、飯田橋釣ボート場

園内には写生や写真撮影をする人の姿も多い

センター長は話し、「日本3庭園の後楽園（岡山市）は、明治になってから改称されました。後楽園の名前はこちらが先輩なんですよ」と笑う。

土日祝日の午前11時と午後2時からはボランティアガイドによるツアー（無料、1時間）が行われる。「6月にはハナショウブやスイレンがきれいです。秋のヒガンバナや紅葉もお勧めです」（サービスセンター長）。黄門さまの愛した庭を散策するのはいかがだろうか。

神奈川

周囲の自然と調和し静けさを醸し出す重厚な建築物17棟

神奈川県・横浜市

三溪園

所 神奈川県横浜市中区本牧三之谷58-1
☎ 045-621-0634
交 根岸駅から市バスで「本牧」下車、徒歩10分、横浜駅から市バスで「三溪園入口」下車、徒歩5分
P 有（有料）
¥ 大人700円、小中学生200円
時 9:00 ～ 16:30
休 無休（12／29 ～31は休）

生糸貿易の実業家が造園

首都圏の様々な庭園の中でも不思議な静けさを感じる。

「なぜでしょうね」。広報担当者に尋ねると、明確な答えが返ってきた。「周りを小高い丘に囲まれて、出入り口付近を除くとコンクリートの建物が全く見えない。そのせいじゃないでしょうか」。さらに「あまり期待しないで来てみたら、（いい意味で）裏切られたという感想をよくいただきます。リピーターの方も増えています」という。

明治から大正にかけて製糸、生糸貿易で財をなした横浜の実業家、原三溪（本名・富太郎）が個人で造りあげた17万5千平方㍍の庭園だ。

三溪が私庭としていた内苑と、明治39年から一般公開されている外苑からなり、三溪没後も含めて、京都、奈良などから移築された室町時代などの歴史的な建物17棟がたたずむ。うち10棟が国指定の重要文化財だ。

現存する合掌造りで最大級

「羅列的に建物を並べるのではなく、周囲の自然と調和させています。だから昔からそこにあるかのように感じられます」（広報担当者）。「奈良の古美術商などを通じて、自らの美意識や価値観に適った素材を探したようです」とも。

昭和35年には御《み》母《ほ》衣《ろ》ダムの底に沈む運命になった旧矢《や》篦原《のはら》家住宅の寄贈を受けた。「飛騨の三長者といわれた矢篦原家の内部までご覧になれます。現存する合掌造りでは最大級です」という。囲炉裏に火がくべられ、小学生らの歴史教育にも一役買っている。

近くの親子スポット ★横浜中華街、本牧山頂公園、山下公園、本牧海づり施設、港の見える丘公園

紀州徳川家の別荘ではないかと考えられている臨春閣

三溪園の象徴的な建物である三重塔が池の向こうに見える
（上下とも三溪園提供）

建物を取り巻く自然も豊富だ。野鳥の姿も多く、サクラは園内に約300本。開花時期には開園時間を延長しライトアップされ、夜桜も見られる。

「丘に囲まれているためか在来種のカントウタンポポが残っています。一般的になったセイヨウタンポポはほとんど見られません」（同）。違いを比べてみるのもよさそうだ。

茨城

9代藩主斉昭が創設
梅林広がる保養施設と文武両道の修業場

茨城県・水戸市

偕楽園／弘道館

〈偕楽園〉 所 茨城県水戸市常磐町1 ☎ 029-244-5454（水戸土木事務所偕楽園公園課） 交 JR常磐線「水戸」駅から茨城交通バスで「偕楽園東門」下車、徒歩3分または関東鉄道バスで「偕楽園」下車、徒歩5分 P 有（無料） ¥ 大人200円、小中学生100円 時 6:00～19:00（10月～2月19日は7:00～18:00）、本園を除く区域は常時開園 休 無休

〈弘道館〉 所 茨城県水戸市三の丸1-6-29 ☎ 029-231-4725（弘道館事務所） 交 JR常磐線「水戸」駅から徒歩8分 P 有（無料） ¥ 大人200円、小中学生100円 時 9:00～17:00（10月～2月19日は～16:30） 休 12/29～31

梅は１００品種３０００本

日本３名園の一つ、偕楽園の創設の由来を記した「偕楽園記」には、「一張《いっちょう》一弛《いっし》」とある。「礼記《らいき》」にある孔子の言葉で、厳しいだけでなく時には楽しむことも大切だという教えだ。

藩政改革に力を注いだ水戸藩第９代藩主徳川斉昭は１８４１（天保12）年、優れた人材育成を目指して藩校・弘道館を開き、翌年偕楽園を作った。「弘道館は文武の修業場、偕楽園は保養施設。一対のものとして創設され、偕楽園では庶民も梅見などを楽しんだようです」。偕楽園公園センター長は話す。

園内に植えられた梅は１００品種３０００本。中には、例年、年末には咲き始める早咲きの「八重寒紅」などの品種も。

園内の一番のお薦めスポットを尋ねると、「斉昭の別宅だった好文亭の３階（楽寿楼）からの眺め」（センター長）。園内だけでなく千波湖、田鶴鳴梅林が見渡せる。さらに「表門から入り、竹林、杉林を抜けて梅を見るのが、斉昭が意図した陰陽の世界を堪能するお薦めコースです」とも付け加えた。

医学や天文学も学ぶ

一方、水戸駅近くにある弘道館。藩主臨席のもと諸儀式が行われた正庁正席の間に弘道館記碑の拓本が飾られている。設立するに当たって１８３８（天保９）年に斉昭が発表した文武両道、学問と事業の一致などの理念を記したものだ。

拓本の中央部分には「尊王攘夷」の文字が見える。「この言葉は弘道

近くの親子スポット ★茨城県立歴史館、水戸芸術館現代美術センター、千波公園、茨城県近代美術館

好文亭から望む庭園と千波湖

館記に初めて用いられました。討幕の思想と思われがちですが、朝廷を尊び国民の心を一つにして、外国から国を守るというスローガンで、水戸藩は擁幕の立場をとっていました」。学芸員の担当者が説明してくれた。

「水戸藩の海岸にはペリー来航前から多くの外国船が来航し、早くからその脅威を感じていた斉昭が、対抗するには人材の育成が必要だとして設立しました」とも。

水戸城三の丸の10万平方㍍を超える敷地内で文武両道の教育が行われ、医学や天文学も含めた総合大学を思わせる施設だった。藩士とその子弟が対象となり15歳で入学。1000人ほどが学んでいたという。

2代藩主光圀が作った彰考館が藩士教育を担っていたこともあって、藩校としての開館は遅めだ。ただその分、他の藩校の教育体制の成果を取り入れ、完成形に近いものになったという。学校御殿と呼ばれた正庁・至善堂が創建時の姿で残っており、「藩校の建物でここまで残っているのは稀です」という。

「館内に入ると、背筋を伸ばしたくなるような空気が味わえると思います。日本の将来を見据えて学んだ志士たちに思いを馳せてみてください」と学芸員の担当者は話した。

偕楽園・弘道館は足利学校、咸宜園などとともに「近世日本の教育遺産群」として文化庁の日本遺産に認定され、世界遺産登録を目指している。

東京

文明開化の中心地 築地・明石町を実感 発祥の地もいっぱい

東京都・中央区

中央区の歴史・観光まち歩き 築地コース

中央区の歴史・観光まち歩き　築地コース
☎ 03-6228-7907（中央区観光協会）
集合場所／築地本願寺（東京都中央区築地3-15-1／東京メトロ日比谷線「築地」駅から徒歩１分）
料金／300円（3週間前までにFAXまたはHPから申し込み）
所要時間／10:00 ～ 16:00の間で2時間
開催日／希望日

古代インド仏教様式で再建

「築地という地名は地面を作ったことに由来するんですよ」。待ち合わせた築地本願寺で、中央区まち歩きボランティアガイドが説明してくれた。

「寺は、江戸初期に浅草近くの横山町に建立されましたが、１６５７（明暦３）年の明暦の大火で焼けてしまいます。元の場所での再建が認められず、八丁堀の海が代替地に指定されたため門徒が海を埋め立て、１６７９年に現在の場所に再建したんです」。

再建された本堂も関東大震災で焼失するが、１９３４（昭和９）年に国内では珍しい古代インド仏教様式の姿で完成した。国の重要文化財に指定されている。

寺を出て築地川公園から聖路加国際病院方向に足を進めると、芥川龍之介生誕の地、浅野内匠頭邸跡などの碑が建つ。聖路加病院の礼拝堂は１９３６（昭和11）年完成の歴史的建造物だ。

解体新書や指紋研究も

「明治初め、築地は外国人居留地でした。文明開化の中心で、ミッション系の私学の多くの発祥地でもあります。ただ商人らは多くが横浜に住み、築地には宣教師が主体。そのため外国人をあてにした遊郭などはすぐ廃れたようです」（ガイド）

発祥地と言えば、「蘭学事始の地」の碑は中津藩の下屋敷のあったところで、前野良沢が解体新書を翻訳した。同藩出身の福沢諭吉が慶応義塾の前身、蘭学塾を開いたのもこの地だ。「指紋研究発祥の地」は大森遺

近くの親子スポット ★貨幣博物館、Daiichi Sankyoくすりミュージアム、築地市場

浅野内匠頭邸跡の碑

国内では珍しい古代インド仏教様式の築地本願寺

跡の出土土器の指紋を調査し、論文を発表した英国人医師ヘンリー・フォールズの住居跡だ。「日本で初めてのクリスマスパーティーも築地で開かれました」（同）。
隅田川テラスから月島や勝鬨橋の眺めを楽しみ、最後はタイムドーム明石（中央区立郷土天文館）を見学して2時間のまち歩きを終えた。

東京

ガイドさんの解説つき! 俳人・芭蕉の足跡を訪ねてみよう!

東京都・江東区

まちあるきガイドサービス 深川芭蕉コース

江東区文化観光ガイド（江東区観光協会内）
☎03-6458-7410（要事前申込。メールかFAXで）
集合場所／深川東京モダン館
東京メトロ東西線・都営地下鉄大江戸線「門前仲町」駅から徒歩3分
料金／無料（有料施設入場料は別途。2週間前までにFAXで申し込み）
所要時間／約2時間
開催日／希望日

紀行『奥の細道』の名句をたどる

清澄白河駅から5分ほど歩くと濡れ縁に腰掛けた芭蕉像があった。採《さい》茶庵《とあん》跡だ。

「1689（元禄2）年、芭蕉庵からここへ居を移した芭蕉はその一月後、5月16日に舟で千住へ向かい、『奥の細道』の旅に出ました」。ボランティアガイドが説明してくれた。

その脇から仙台堀川沿いに「芭蕉俳句の散歩道」が続く。奥の細道の中から18句が観光高札で掲げられている。旅立ちの句が「行《ゆく》春や鳥啼《なき》魚の目は泪《なみだ》」で、最後が「蛤《はまぐり》のふたみにわかれ行秋ぞ」。「千住で最初に詠んだ句と大垣で詠んだ結びの句です。行く春で始まり、行く秋で終わる。このあたりにも完成まで5年を要した奥の細道の技巧を感じますが、いかがでしょうか」（同）。

次いで訪れた臨川寺は芭蕉が朝晩、座禅に通った寺だ。「このころから芭蕉の作風に侘びが色濃く感じられるようになります。仏頂禅師との問答などが影響したのでしょう」という。境内には芭蕉の功績が刻まれた墨直しの碑などがある。

ガイドさんの解説たっぷり充実の2時間コース

芭蕉稲荷神社は芭蕉庵があったところとされる。「弟子杉山杉風が提供した草庵で、江戸市中から移り住みました。その後、武家屋敷が建てられ、庵の正確な場所が分からなくなりましたが、芭蕉が愛したと言われる石の蛙の置物が1917（大正6）年の高潮の後にこの場所から見つかり、庵跡だとされました」（同）。

近くの親子スポット ★木場公園、深川ギャラリア（ショッピング／レストラン）

（上）芭蕉庵史跡展望庭園の芭蕉像。台座が回り朝と夕で向きが変わる
（右）芭蕉が旅立った彩茶庵

その石の蛙は芭蕉記念館に展示されている。館の前に植わっているのは芭蕉の木だ。『弟子の李下が草庵に植えた芭蕉の木が見事に生い茂ったことから庵の名を芭蕉庵に変え、自身もそれまでの桃青から芭蕉と名乗るようになりました」

約2時間、数々の蘊蓄に耳を傾けながら縁《ゆかり》の地を歩き、すっかり芭蕉通の気分になった。

江東区文化観光ガイドでは、深川芭蕉コースをはじめ深川七福神、亀戸七福神、小名木川・船番所など8つのコースでボランティアガイドさんが案内してくれる。2名以上の団体で、利用希望日の2週間前までの申し込みを。

東京

ファンならば必見！三鷹を愛した小説家 太宰治のゆかりの地

東京都・三鷹市

みたか観光ガイド協会 定例ガードコース

みたか観光ガイド　定例ガイド
☎0422-44-0981（小谷野）
集合場所／JR三鷹駅南口デッキ（東京都三鷹市下連雀3丁目/JR中央線「三鷹」駅から徒歩すぐ）
料金／無料（予約不要）
所要時間／9:50集合、2時間40分
開催日／毎月第4日曜日

墓には新しい花と酒

「太宰治が三鷹に移り住んだのが1939（昭和14）年。その翌年に三鷹村から三鷹町になりました。豊かな自然に恵まれていたと想像できますが、駅の北側に航空機工場（中島飛行機）があり、活気もあったようです」

みたか観光ガイド協会の担当者の説明を聞きながら、三鷹駅から歩くこと15分。太宰の墓がある禅林寺に着いた。同寺には森鷗外の墓もあり、太宰が「花吹雪」の中で鷗外の墓に言及した上で、「私の汚い骨もこんな小綺麗《こぎれい》な墓地の片隅に埋められたら…」と書いていることから、ここに眠ることになったと思われる。

墓には新しい花とともに、缶ビールやカップ酒のお供えも。「ファンの墓参は絶えないようです」（担当者）。「酒好きだったんですか」と尋ねると、「妻の津島美知子さんの『回想の太宰治』に豆腐を肴に6、7合飲んだともありますね」。

ちなみに鷗外の墓碑は、本書で紹介している書道博物館の創設者中村不折の手になるもので、こちらも真新しい花が供えられていた。

入水の地には故郷の石

次いで向かったのは太宰が知人らをよく案内したという中央線の陸橋だ。太宰が暮らしていた当時のままの姿を残している唯一のスポットで、マント姿の太宰が階段を下りる写真をご存じの方も多いだろう。「晴れた日には富士山が見え、いまのように高いビルもありませんから、360度、武蔵野の景観が広がっていたようです」（同）。

近くの親子スポット ★三鷹市美術ギャラリー、三鷹の森ジブリ美術館、井の頭自然文化園、諏訪クワガタ昆虫館

太宰の墓には真新しい花とともにビールや酒も供えられていた

太宰と山崎富栄さんが入水《じゅすい》した玉川上水の現場近くには、太宰の故郷（青森県の旧金木町＝現在の五所川原市）産の玉鹿石《ぎょっかせき》が置かれ、近くには２人が遺品を置いていたという野川家も。市内各所に残るゆかりの地の跡には「ゆかりの案内板」が設置され、当時を偲ぶのを助けてくれる。

町歩きをするにはまず三鷹駅南口の観光案内所で散策マップを入手し、解説が聞ける音声ペン（レンタル１日１００円）もぜひ。太宰が通った酒屋「伊勢元」の跡地に建つ三鷹市太宰治文学サロンには直筆原稿や初版本の展示があり、ボランティアガイドが常駐している（原則月曜休館。無料。電話０４２２・２６・９１５０）。

「近藤勇生誕地や墓、戦時中の航空機の掩蔽《えんぺい》壕、山本有三記念館など他にも見どころはめじろ押しです。ぜひどうぞ」と担当者は話している。

※本書は東京新聞連載「親子でぶらり　学べるスポット」2014年10月4日～
2018年3月1日の記事を元に編集したものです。

編集協力／高橋哲朗、田口由大、横田右近

親子《おやこ》で学習《がくしゅう》＆自由研究《じゆうけんきゅう》　—関東穴場《かんとうあなば》スポット100—

2018年6月29日　第1版第1刷発行　　2018年8月20日　第1版第2刷発行

著　　者　東京新聞「親子でぶらり」取材班
発 行 者　野澤伸平
発 行 所　株式会社　山川出版社
〒101-0047　東京都千代田区内神田1-13-13
電話 03-3293-8131（営業）　03-3293-1802（編集）
https://www.yamakawa.co.jp/
振替　00120-9-43993
企画・編集　山川図書出版株式会社
装　　幀　(有)グラフ
印 刷 所　半七写真印刷工業株式会社
製 本 所　株式会社　ブロケード

ISBN　978-4-634-15119-2 C0026